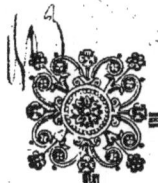

# MAGASIN THEATRAL.

## CHOIX DE PIÈCES NOUVELLES,

JOUÉES SUR TOUS LES THÉATRES DE PARIS.

50 cent.

### PARIS.
MARCHANT, ÉDITEUR

Boulevart Saint-Martin, 12.

### BRUXELLES.
TARRIDE, LIBRAIRE, PASSAGE DE LA COMÉDIE.

En vente, le 1ᵉʳ octobre 1845:
Le 28ᵉ Volume de la BIBLIOTHÈQUE DE VILLE ET DE CAMPAGNE,
Prix : 3 fran 50 cent.

# CATALOGUE DES PIÈCES
## DE LA
# BIBLIOTHÈQUE DE VILLE ET DE CAMPAGNE
(2me ÉDITION DU MAGASIN THÉÂTRAL).
### ILLUSTRÉE DE GRAVURES SUR BOIS ET DE PORTRAITS D'ACTEURS.

Chaque volume se vend séparément 3 f. 50 c.

**TOME PREMIER.**
- Marino Faliero, tr. 5 a. par C. Delavigne. 50
- L'Homme du siècle, dr. h. 40
- Le Royaume des femmes, f. 30
- Le Sauveur, com. 3 a. 40
- L'Amitié d'une jeune fille, v. 30
- Je serai Comédien, c. en 1 a. 30
- Le Curé Mérino, dr. 5 a. 50
- Antony, d. 4 a. par Al. Dumas 56
- Le Mari d'une muse, com.-v. 30
- Les 4 Ages du Palais-Royal. 40
- Juliette, dr. en 3 a. 40
- Une Dame de l'Empire, c.-v. 30
- La Paysanne demoiselle, v. 40
- Les Liaisons dangereuses, d. 40
- Un de plus, com.-v. 3 a. 40
- Le Doigt de Dieu, dr. 1 a. 30
- L'honneur dans le crime, d. 50

**TOME II.**
- Catherine Howard, dr. en 5 a. par Alexandre Dumas. 50
- Une Passion, v. 1 a. 30
- La Vénitienne, dr. 5 a. 50
- Théophile, com.-v. 1 a. 30
- Déchiré l'empailleur, v. 30
- Estelle, com.-v. 30
- L'Apprenti, v. en 1 a. 30
- Salvoisy, com. en 2 actes. 40
- Lestocq, op.-com. 4 actes. 50
- Turlututu-Pacha, 30
- Un Enfant, dr. 4 a. 40
- Le Capitaine Roland, c.-v. 40
- La Nappe et le Torchon, c.-v. 40
- Les Duels, com.-v. 1 a. 40
- L'Ambitieux, com. 5 a. 50
- Le Commis et la Grisette, v. 30
- Heureuse comme une princesse 40

**TOME III.**
- Les Enfans d'Edouard, trag. 40
- Mari de la veuve, A. Dumas. 30
- Les Deux Borgnes, fol.-v. 30
- Prêtez-moi 5 francs, mél. 40
- Le Juif errant, drame fant. 50
- La Lectrice, v. 30
- La Famille Moronval, dr. 5 a. 50
- Morin, dr. en 5 a. 50
- Mon Ami Grandet, v. 40
- Le Ramoneur, v. 30
- La Vie de Napoléon, sc. hist. 60
- Latude, mél. hist. 50
- La Prima Dona, v. 1 a. 40
- Georgette, v. 30
- Le For-l'Evêque, v. 40
- Frétillon, v. en 5 a. 50
- 1834 et 1835, revue épis. 1 a. 30
- La Fille de l'Avare, v. en 2 a. 50

**TOME IV.**
- Napoléon, par Al. Dumas. 50
- Atar-Gull, mél. 4 a. 40
- Être aimé ou mourir, c.-v. 40
- Dolly, drame en 3 actes. 40
- Les Chauffeurs, mél. en 3 a. 40
- Le Page de Bassompierre. 40
- La Nonne sanglante, d. 5 a. 50
- La Marquise, op.-com. 1 a. 40
- Fich-Tchig-Kang, v. 1 a. 30
- Mademoiselle Marguerite. 30
- Les Gants jaunes, v. 40
- Le Cheval de Bronze, féer. 40
- Les Beignets à la Cour, c. 1 a. 30
- Le Père Goriot, v. 30
- Fleurette, drame 3 a. 40
- Etienne et Robert, v. 30
- Une Mère, dr. 2 a. 40

**TOME V.**
- Charles VII, tragédie en 5 a. par Al. Dumas. 50
- Mad. d'Egmont, com. 3 a. 40
- La Traite des Noirs, drame. 50
- Karl, drame en 4 actes. 40
- La Croix d'or, com.-v. 2 a. 40
- Jeanne de Flandre, mél. 50
- Une Chaumière et son cœur, 40
- On ne passe pas, vaud. 1 a. 30
- Cornaro, parodie d'Angélo. 50
- Cromwell, drame 5 actes, par Cordelier Delanoue. 50
- Mathilde, com. 3 a. 40
- Ma Femme et mon Parapluie. 30
- La Berline de l'Emig. d. 5 a. 50
- Le Curé de Champaubert, v. 40
- L'Habit ne fait pas le moine, 40
- Marguerite de Quélus, d. 3 a. 40
- Les deux Reines, op.-c. 30

**TOME VI.**
- Thérésa, d. 5 a. par A. Dumas. 50
- Charlotte, dr. 3 a. 40
- La Consigne, com.-v. 1 a. 30
- Pauvre Jacques c.-v. 1 a. 30
- Madelon Friquet, v. 2 a. 40
- L'Aumônier du régiment, 1 a. 40
- Un Mariage sous l'emp. v. 2 a. 40
- La Pensionnaire mariée, c.-v. 40
- Le Mariage raisonnable, c. 1 a. 30
- La Tirelire, com.-v. 1 a. 40
- La tache de sang, dr. 3 a. 40
- La Savonnette impériale, v. 40
- André, v. 2 a. 40
- Jean-Jean, parodie en 5 pièc. 50
- La Sonnette de nuit, c.-v. 40
- La Fiole de Berlin, v. 40
- Infidèle, v. 40
- Les Enragés, v. 40
- Jérusalem, v. 40

**TOME VII.**
- Angèle, d. 5 a. par Alexandre Dumas. 50
- L'Homme du monde, d. 5 a. 50
- Le Conseil de révision, v. 4 a. 40
- Le Procès du mar. Ney, v. a. 50
- Valentine, dr.-vaud. 2 actes par Scribe et Mélesville. 40
- Coquelicot, v. 3 a. 40
- Pensionat de Montereau. 40
- La Folle, dr. 3 a. 40
- Le Gamin de Paris, c.-v. 2 a. 40
- Le Transfuge, d. en 3 a. 40
- M. et Mme Galochard. 30
- Les Chansons de Désaugiers. 40
- Le Prévôt de Paris, mél. 3 a. 40
- Giblan, v. 40
- Renaud d'Ast, c.-v. 2 a. 40
- Les Impressions de voyage, 40

**TOME VIII.**
- La Chambre Ardente, d. 5 a. par Mélesville et Bayard. 50
- Le Moine, dr. 4 a. 40
- Héloïse et Abeilard, d. 5 a. 50
- La Laide, d. 3 a. 40
- L'Enfant du Faubourg, v. 3 a. 40
- L'Ingénieur, d. 3 a. par Ch. Duveyrier. 40
- La Marq. de Prétintaille, v. 1 a. 30
- Don Juan de Marana, myst. par Alex. Dumas. 50
- Le Démon de la nuit, v. 2 a. 40
- Un Procès criminel, c. 1 a. par Rosier. 30
- Le Comte de Horn, d. 3 a. 40
- Un Bal du grand monde, v. 1 a. 40
- Le Barbier du Roi d'Aragon 3 a. par Dupeuty, Fontan et Ader. 40
- Reine, Cardinal et Page, v. 40

**TOME IX.**
- La Vaubalière, dr. 5 a. 50
- Jeanne Vaubernier, c. 3 a. 40
- Indiana, dr. en 5 parties. 50
- Jours gras sous Charles IX, d. par Lockroy et Arnould. 40
- Mistress Sidons, c.-v. 2 a. 40
- Tout ou Rien, dr. 3 a. 40
- Amazampo, dr. 4 a. 6 t. 40
- Christiern, mél. 3 a. 40
- Casanova, v. 3 a. 40
- Georgine, c.-v. 1 a. 30
- Sir Hugues, par Scribe. dr. 40
- Arrivera à propos, v. 1 a. 30
- Marie, par Mme Ancelot. 50
- Pierre le Rouge, par de Rougemont, Dupeuty et Antier. 40
- La Femme de l'épicier, v. 1 a. 30
- L'Épée de mon père, v. 1 a. 30

**TOME X.**
- Kean, drame en 5 actes, par A. Dumas. 50
- Père et Fils, 40
- Les Dettes, 40
- Un Caprice, 40
- Jaffier, 40
- Le Muet, 40
- El Gitano, 50
- Léon, drame en 5 actes, par Rougemont. 40
- Fils d'un agent de change, 1 a. 30
- Le comte de Charolais, c. 3 a. 40
- Le Mari de la dame de chœurs, 40
- Roquelaure, vaud. 4 a. 50
- Madame Favart, com. 3 a. par Xavier et Masson. 40
- L'Ambassadrice, op.-c. 3 act. par Scribe. 40

**TOME XI.**
- L'Ambassade à la Richelieu, v. 1. 30
- La Fontaine sans souci, v. 1 a. 30
- La Nouvelle Hélène, c. 3 a. 40
- Marie-Anne, par Bouchardy. 50
- Un Bal au Vaudeville, 40
- La Ronde de Nuit, v. 40
- Le Quêteur, v. 40
- Lemuel, v. 1 a. 40
- Riche et Pauvre, dr. 5 a. 50
- Stradella, com. 1 a. 40
- La Laitière et les 2 Chasseurs 30
- Huit ans de plus, mél. 3 a. 40
- La Champmeslé, c.-anec. 2 a. 40
- Michel, c.-v. 4 a. 40
- Les sept Infans de Lara, v. 5 a. 50
- Paspinoles, dr. 3 a. 40
- Forêt Fils, v. 1 a. 40
- Le Portefeuille ou Familles, 50

**TOME XII.**
- Riquiqui, com.-vaud. 3 a. 40
- Un grand Orateur, c. 1 a. 30
- Trop heureuse, c.-v. 1 a. 30
- Le Paysan des Alpes, dr. 5 a. 40
- La Vieillesse d'un grand roi, 40
- L'Étudiant et la grande Dame, 40
- La Comtesse du Tonneau, 2 a. 40
- Polly, com.-vaud. 3 a. 40
- Le Bouquet de bal, c. 1 a. 30
- La Vendéenne, c.-v. 1 a. 30
- Julie, com. 5 a. 50
- L'honneur de ma Mère, dr. 5 a. 50
- Eulalie Granger, dr. 5 a. par Rougemont. 40
- Schubry, com.-vaud. 3 a. 40
- L'Ange Gardien, dr. 3 a. 40
- Miel et Vinaigre, c.-v. 1 a. 30
- Femme et Maîtresse, c.-v. 1 a. 30

**TOME XIII.**
- Un Chef-d'Œuvre inconnu. 40
- Jeanne de Naples, dr. 5 a. 50
- Le Gars, dr. 5 a. 50
- Vouloir c'est Pouvoir, c.-v. 2 a. 40
- Mina, com.-vaud. 3 a. 40
- Le 3me et le 4me, v. 1 a. 30
- Le Père de l'Enfant, c.-v. 2 a. 40
- Sans Nom ! mystère en 1 a. 40
- L'Agrafe, mélod. 3 a. 40
- L'Artiste et la Femme, 40
- Le Bien-aimée, c.-v. 2 a. 40
- Une Fille de l'Air, 40
- Le Château de ma Nièce, c. 1 a. 30
- Une Fille du Militaire, c. 2 a. 40
- La Tour de Faction, 30
- La Double Echelle, op.-c. 1 a. 40
- Bruno le Fileur, v. 2 a. 50
- Un Jour de Grandeur, dr. 3 a. 40

**TOME XIV.**
- Le Tourlouroù, vaud. 1 a. 50
- Le Bon Garçon, 40
- L'Officier Bleu, dr. 3 a. 50
- Portier je veux de tes cheveux, 40
- Rita l'Espagnole, dr. 4 a. 40
- Piquillo, op.-com. 3 a. 40
- Les Comédiens, 40
- Thomas Mauvevert, dr. 5 a. 50
- Pauvre Mère ! dr. 5 a. par Francis Cornu et Auger. 50
- Spectacle à la Cour, c.-v. 2 a. 40
- Le Domino Noir, op.-c. par Scribe. 40
- Longue-Épée, drame 50
- Roméo et Juliette, trag. 5 a. par Frédéric Soulié. 50
- La Folie Beaujon, vaud. 30

**TOME XV.**
- Marquise de Senneterre, c. 3 a. 40
- Thérésina, com. 3 a. par A. Dumas. 40
- L'Ile de la Folie, r. 1 a. 30
- Dame de la Halle, v. 2 a. 40
- Les Saltimbanques, dr. 3 a. 40
- A Trente ans, v. 3 actes, par Rosier. 40
- L'Élève de St-Cyr, dr. 5 a. 50
- Marcel, dr. 4 a. 40
- La Maîtresse de Langues, 1 a. 30
- Le Cabaret de Lustucru, 1 a. 30
- La Perle, com. 40
- La Pauvre Fille, mél. 5 a. 50
- Isabelle, vaud. 40
- La Demoiselle Majeure, v. 1 a. 30
- M. et Mme Pinchon, c.-v. 1 a. 30
- Mlle Dangeville, c.-v. 1 a. 40

**TOME XVI.**
- Arthur, c.-v. 2 a. 40
- Les Suites d'une faute, d. 5 a. 50
- Les Enfans d'alsace, d. 1 a. 40
- Matéo, d. 5 a. 50
- Le Mariage en Capuchon, v. 2 a. 40
- A Bas les hommes ! v. 40
- La Bourse de Pézenas, v. 1 a. 30
- Lord Surrey, dr. 5 actes par Filion et Josseran. 50
- Simon Terre-Neuve, dr. 1 a. 30
- Gaspard Hauser, dr. par Anicet et Dennery. 40
- Les deux Frères, 40
- Mathias l'Invalide, 40
- Impressions de voyage, 40
- Geneviève de Brabant, 40
- Rafael, d.-c. 3 a. 40
- Faute de s'entendre, c. 1 a. 40

ACTE IV, SCÈNE III.

# LE COMTE JULIEN,
## OU
## LE CHATEAU MAUDIT,

DRAME EN QUATRE ACTES A GRAND SPECTACLE,

### PAR MM. FRÉDÉRIC DUHOMME ET ÉLIE SAUVAGE,

Danse de M. RAGAINE. — Décorations de M. DEVOIR.

REPRÉSENTÉ, POUR LA PREMIÈRE FOIS, SUR LE THÉATRE DE LA PORTE-ST-MARTIN, LE 31 JANVIER 1846.

| PERSONNAGES. | ACTEURS. | PERSONNAGES. | ACTEURS. |
|---|---|---|---|
| RODRIGUE, roi d'Espagne | M. CLARENCE. | ALIFA, esclave more | Mme CHARTON. |
| LE COMTE JULIEN | M. JEMMA. | UNE GITANA | Mlle D'HARVILLE |
| FLORINDE, fille du comte | Mme J. REY. | UNE DAME D'HONNEUR | Mlle DÉSIRÉE. |
| RICAS, ami du comte | M. MARIUS. | ÉRIC, serviteur du comte | M. NÉRAUT. |
| THÉODISTE, favori du roi | M. PERRIN. | VAMBA, écuyer du roi | M. LECLÈRE. |
| L'ÉMIR MOUZZA | M. MULLIN. | UNE BOHÉMIENNE | Mlle DELESTRA. |
| GONSERIC, général | M. A. ALBERT. | Espagnols, Mores, Bohémiens. | |

DANSE. Mmes AD. PAILLER, ÉLISA, RAGAINE, CLÉMENT, DELESTRA, ANAÏS, MM. GREDELU, HASARD.

*La scène se passe en Espagne, au commencement du huitième siècle.*

## ACTE PREMIER.

Le théâtre représente, à droite, le palais du comte Julien. Un peu au-dessus, un bosquet ; puis vers le quatrième plan, une balustrade faisant face au public ; des arbres derrière la balustrade. A gauche, des arbres ; sur le même côté, un banc de gazon entouré de fleurs. A droite, au premier plan, un banc faisant face au public comme celui de gauche.

### SCÈNE PREMIÈRE.
#### FLORINDE, ALIFA.

Au lever du rideau, doña Florinde est à demi couchée sur le banc de gauche. Alifa est au fond, vers le milieu, et regarde par-dessus la balustrade.

ALIFA, *redescendant vers elle.* Toujours rêveuse, doña Florinde.

FLORINDE, *sans se déranger.* Non, pas rêveuse, triste.

ALIFA. Comment est-on triste quand on est aussi belle ?

NOTA. Toutes les indications sont prises de la droite de l'acteur.

1846

FLORINDE. Je ne sais pas si je suis belle, mais je sais que je suis en deuil.

ALIFA. Toute douleur humaine doit avoir sa fin, et l'on ne peut pas toujours pleurer, même une mère.

FLORINDE. Il n'y a qu'un an que la mienne est morte !

ALIFA. Prenez quelque distraction.

FLORINDE. Que veux-tu que je fasse ?

ALIFA. Irai-je chercher votre fuseau ?

FLORINDE. A quoi bon ? la Vierge à l'automne laisse pendre dans les airs des fils plus fins et plus brillants que je n'en pourrais filer.

ALIFA. Voulez-vous votre tapisserie ?

FLORINDE. Regarde ces fleurs, et dis-moi si ce n'est pas trop d'audace que d'essayer de lutter avec Dieu.

ALIFA. Vous dirai-je la ballade du château maudit ?

FLORINDE. Non... elle prédit la ruine de notre patrie. Tu le sais, le jour où les portes du sombre château seront ouvertes, la monarchie des Goths disparaîtra de l'Espagne.

ALIFA. Pouvez-vous ajouter foi à ces fables ridicules ?

FLORINDE. Ris si tu veux de ma folie, mais chaque fois que j'ai vu se dresser au loin le sinistre monument où repose depuis des siècles le roi Astaulphe, j'ai senti se glisser dans mon âme un frisson étrange et inexplicable... Non, Alifa, non, ne me dis pas la ballade du château maudit.

ALIFA. Que vous proposerai-je donc ?

FLORINDE. Est-ce que je me plains, Alifa ?

ALIFA. Non ; mais votre père se plaint, lui. Il croit que vous souffrez, que vous vous ennuyez à Tolède.

FLORINDE. Je ne m'ennuie pas.

ALIFA. Cependant, toujours seule ainsi...

FLORINDE. Je ne suis pas seule.

ALIFA. Je comprends... vous êtes avec vos espérances.

FLORINDE. Tu te trompes... je suis avec mes regrets.

ALIFA. Mais vos regrets ne sont-ils pas encore des espérances ?

*Musique au fond du théâtre.*

FLORINDE. Quel est ce bruit ?

ALIFA *va regarder au fond par-dessus la balustrade.* Ce sont des Bohémiens qui passent. (*Puis elle revient vers Florinde.*) Voulez-vous que je les appelle ?

FLORINDE. Appelle-les.

ALIFA. Peut-être vous distrairont-ils.

FLORINDE. J'en doute ; mais je leur ferai l'aumône, et l'aumône est chose agréable à Dieu. Va.

ALIFA, *les appelant par-dessus la balustrade à gauche.* Entrez, Zingari... ma maîtresse, doña Florinde, veut vous voir danser.

## SCÈNE II.

FLORINDE, ALIFA, BOHÉMIENS, BOHÉMIENNES, LA GITANA.

La Gitana va s'asseoir à droite.

## BALLET.

Après le ballet, Alifa se trouve près de Florinde, tenant un plat en or rempli de pièces d'or. Une Bohémienne se détache du groupe et vient s'agenouiller devant Florinde, qui lui colle plusieurs pièces d'or sur le front.

LA BOHÉMIENNE. Est-ce tout ce que vous voulez de nous, señora ?

FLORINDE. Non ; je veux savoir pourquoi votre compagne qui est là-bas assise ne danse pas comme vous.

La Bohémienne se lève et fait signe à la Gitana de s'approcher.

LA GITANA, *se levant.* Je ne danse pas parce que je te regarde.

FLORINDE. Et pourquoi me regardes-tu ?

LA GITANA. D'abord, parce que tu es belle, et que nous autres, qui adorons Dieu dans ses œuvres, avons l'habitude de regarder tout ce qui est beau... puis ensuite, parce que tu as sur le front quelque chose de prédestiné.

FLORINDE, *se lève et va au-devant de la Gitana.* Tu me rends curieuse, Gitana... parle, je t'écoute.

LA GITANA, *la mène sur le devant de la scène et lui prend la main.* Tu as dix-huit ans.

FLORINDE. Ce n'est pas dans ma main, c'est sur ma figure que tu lis mon âge.

LA GITANA. Tu t'appelles doña Florinde.

FLORINDE. Ne m'a-t-on pas nommée tout à l'heure devant toi ?

LA GITANA. Tu pleures encore une personne qui t'est chère.

FLORINDE. Tu me vois vêtue de deuil.

LA GITANA. Tu es fille d'un grand capitaine.

FLORINDE. Le nom du comte Julien, mon père, est connu depuis le mont Atlas jusqu'aux monts Pyrénées... Dis-moi donc autre chose, si tu veux me faire croire à ta science.

LA GITANA. Eloigne tout le monde, alors.

FLORINDE *fait signe à Alifa de se retirer.* Laissez-nous, Alifa.

Ils remontent tous au fond.

LA GITANA. Réjouis-toi, jeune fille ! toutes les étoiles heureuses brillaient sur ton berceau... La beauté doit être reine ici-bas... laisse faire ta destinée.

FLORINDE. Mais ce secret?...
LA GITANA. Tu aimes et tu es aimée.
FLORINDE. Moi?
LA GITANA. Tu aimes et tu es aimée.
FLORINDE. Tu te trompes, Gitana.
LA GITANA. Tu aimes le roi Rodrigue, et tu es aimée du roi Rodrigue.
FLORINDE. Du roi Rodrigue!... Oh! non, je ne veux pas l'aimer; je ne veux pas qu'il m'aime!
LA GITANA. La beauté doit être reine ici-bas; ton étoile est brillante; laisse faire ta destinée.
FLORINDE. Silence, Gitana, retire-toi!
*La Gitana s'éloigne et se rencontre avec Alifa, qui lui remet une bourse.*
ALIFA. C'est bien... tu m'as comprise... voici l'or que je t'ai promis.
*Les Bohémiens se retirent.*

## SCÈNE III.

FLORINDE, ALIFA, *au fond.*

FLORINDE, *à elle-même.* « Tu aimes le roi Rodrigue. » Comment donc cette femme a-t-elle surpris un secret que je voulais me cacher à moi-même?... « Tu es aimée du roi Rodrigue. » Hélas! il est trop tard... une reine est assise sur le trône d'Espagne! Une femme vulgaire à qui le sort a jeté par mégarde un sceptre au lieu d'une quenouille!... Quand l'aigle s'élance au-dessus des montagnes et va regarder le soleil en face, sa compagne ne vole-t-elle pas fièrement à ses côtés?... Oh! s'il m'eût été donné de m'asseoir à cette place glorieuse, j'aurais voulu faire de Rodrigue le plus grand roi de la chrétienté... Comme son bon génie, j'aurais soufflé sans cesse à ses oreilles ces mots sacrés : vaillance, honneur, loyauté! je lui aurais crié : Roi Rodrigue, loin de toi ces amours vulgaires qui te dégradent... la passion d'un grand roi, c'est la gloire de son peuple!... Où me laissé-je entraîner?... Qui me délivrera de ces dangereuses pensées?

ALIFA, *descendant près de Florinde.* Eh bien! señora?

FLORINDE. Cette femme m'a dit des choses étranges.

ALIFA. Voulez-vous que nous nous assurions si elle a dit vrai?

FLORINDE. Et comment?

ALIFA. Je sais un secret qui vous concerne... si la Bohémienne vous l'a révélé, elle est vraiment sorcière.

FLORINDE. Et quel est ce secret?

ALIFA. Le roi Rodrigue vous aime!

FLORINDE. Alifa!... tu étais d'accord avec cette femme?

ALIFA. Moi!...

FLORINDE. Oui; Mores et Bohèmes, vous êtes tous infidèles, et vous pouvez vous entendre.

ALIFA. Je viens de parler à cette femme pour la première fois.

FLORINDE. L'époux de la reine Egilone ne saurait aimer la fille du comte Julien.

ALIFA. Doña Florinde est si belle!

FLORINDE. La fille du comte Julien ne doit pas aimer l'époux de la reine Egilone.

ALIFA. La reine peut mourir...

FLORINDE. Alifa!...

ALISA. Pauvre roi Rodrigue!

FLORINDE. Il a une maîtresse qui le consolera.

ALIFA. Laquelle?

FLORINDE. L'Espagne!

ALIFA. Il donnerait l'Espagne pour vous.

FLORINDE. Ce serait acheter trop cher un cœur sans amour.

## SCÈNE IV.

LES MÊMES, LE COMTE JULIEN.

LE COMTE, *sortant de son palais. A son entrée, Alifa se retire par la droite.* Encore ici, ma fille? Voici la nuit qui vient...

FLORINDE. J'ai la tête brûlante, et cet air me fait du bien.

LE COMTE. *Il va s'asseoir à gauche, Florinde se tient debout près de lui.* Tu souffres... je ne suis pas tranquille... Oh! je me suis bien aperçu de ce changement... tu étais si joyeuse et si vive autrefois!... maintenant tu sembles triste et abattue, comme une fleur à l'approche de l'orage.

FLORINDE. Rassurez-vous, mon père, ce n'est rien qui doive vous effrayer... La brise, en passant sur mon front suffit pour emporter cette douleur légère.

LE COMTE. Est-ce bien vrai, ma fille? ne me trompes-tu pas?... Hélas! j'ai déjà vu mourir ta mère... elle était belle et fière comme toi, ma Florinde... Mes yeux en t'admirant me disent que c'est elle que je revois. Oh! si je te perdais jamais... Florinde, Florinde, prends pitié de ton père!

FLORINDE. Votre tendresse s'alarme à tort, mon père; votre fille vivra longtemps pour vous aimer.

LE COMTE. Tu me le promets... C'est que tu ne sais pas combien je t'aime! je ne devrais pas te dire cela. Souris-moi donc un peu... Mon Dieu, que ma fille est belle et que je suis heureux! Dis-moi, tu ne désires rien?

*Il se lève et vient sur le devant de la scène avec sa fille.*

FLORINDE. Me laissez-vous le temps de former un désir?

LE COMTE. Puis-je faire autrement? je n'ai que toi au monde... et je souhaitais un fils! un fils pour continuer mon nom... Maintenant je remercie Dieu de m'avoir donné une fille... une fille aime mieux son père...

FLORINDE. Et quel père mérite mieux d'être aimé?

LE COMTE. Oui, tu m'aimes... et pourtant tu me quitteras un jour... Un jeune et beau cavalier verra ma Florinde et m'enlèvera mon trésor... oui, cela doit être ainsi... Eh bien! il y a des moments où il me semble que je serai jaloux de cet homme.

FLORINDE. Ne craignez rien, mon père, je ne vous quitterai jamais.

LE COMTE. Pas même pour suivre un époux?

FLORINDE. Florinde n'aura jamais d'époux.

LE COMTE. Enfant... ne crois pas que je te demande cela... je saurai me sacrifier à ton bonheur... car tu seras heureuse... tu n'aimeras jamais qu'un homme digne de toi.

FLORINDE. Vous n'aurez jamais à rougir de votre fille.

LE COMTE, *l'embrassant.* Chère enfant! je le sais bien, va, toujours comme en ce moment je pourrai te presser contre mon cœur avec orgueil.

ÉRIC, *venant du fond à gauche, tenant un parchemin.* Monseigneur...

LE COMTE. Un message?... donne. (*Éric sort; à part.*) Ricas à Tolède... l'imprudent! (*À Florinde.*) Rentre, ma fille... il faut que je te quitte... adieu... à bientôt... (*Elle entre à droite, le comte descend sur le devant de la scène.*) Ricas à Tolède? pourvu qu'on ne l'ait pas reconnu... dans ma maison, du moins, on ne le découvrira pas.

Il s'éloigne.

## SCÈNE V.

ALIFA, *puis* THÉODISTE *et* LE ROI.

ALIFA *rentre du fond à droite, tenant un bouquet.* Deux roses, deux œillets, deux tubéreuses... c'est le signal convenu. (*Elle jette le bouquet par-dessus la balustrade.*) Est-ce vous, seigneur Théodiste?

THÉODISTE, *en dehors, sans être vu.* Moi-même.

ALIFA, *parlant par-dessus la balustrade.* A merveille.

THÉODISTE, *même jeu.* Tu es seule?

ALIFA, *même jeu.* Oui.

THÉODISTE, *même jeu.* Le comte Julien...

ALIFA, *même jeu.* Est déjà loin d'ici.

THÉODISTE, *paraissant par-dessus la balustrade à droite.* En ce cas, sire, vous êtes le bienvenu.

ALIFA, *surprise.* Le roi!

LE ROI, *paraissant et franchissant la balustrade d'un air joyeux.* En personne!... En amour comme en politique, j'ai toujours été mécontent de mes ambassadeurs.

THÉODISTE. Eh bien! quelles nouvelles?

ALIFA. Mauvaises.

RODRIGUE. Florinde ne m'aime point?

ALIFA. Hélas! sire, vous l'avez dit.

THÉODISTE. Pardieu, voilà qui est rare... nous ne sommes guère habitués à ces façons-là.

RODRIGUE. Elle repousse l'amour d'un roi!...

THÉODISTE. Et de quel roi! je ne dirai pas le plus longtemps, mais le plus souvent amoureux qu'il y ait au monde.

RODRIGUE. Cette fois, Théodiste, j'aime réellement.

THÉODISTE. Eh bien! voyez comme le hasard fait mal les choses... pour une fois que vous aimez réellement, voilà qu'on ne vous aime pas.

RODRIGUE, *à Alifa.* Mais quel obstacle s'élève donc contre moi dans le cœur de Florinde?

ALIFA. Le devoir.

THÉODISTE. N'est-ce que cela? Alors ce sera un peu plus long et un peu plus difficile.

RODRIGUE. Sais-tu bien que tu me désespères?

ALIFA. Oh! sire, n'avez-vous pas deux raisons pour espérer toujours? vous êtes jeune et vous êtes roi.

RODRIGUE. Tu oublies la troisième... Alifa a promis de s'intéresser à mon amour.

ALIFA. Vous pouvez compter sur moi, sire... je suis More et je hais doña Florinde.

RODRIGUE. Tu hais doña Florinde? pourquoi?

ALIFA. Parce qu'elle est la fille du Nazaréen qui m'a enlevée à mon pays... parce qu'elle est jeune, parce qu'elle est belle, et surtout parce qu'elle est libre... Mais que vous importe, si cette haine tourne au profit de votre amour?

THÉODISTE. Nous n'en demandons pas davantage.

RODRIGUE. Et quel remède comptes-tu donc employer contre l'indifférence de doña Florinde?

ALIFA. Le temps, sire.

RODRIGUE. Le temps! Eh! ne sais-tu pas que l'amour et la patience ne peuvent tenir dans le même cœur?

Il va regarder au fond.

THÉODISTE, *à Alifa.* Cherchons autre chose... Qui t'empêche de mettre le roi en présence de l'ennemi... le roi est jeune, amoureux, éloquent... ne t'inquiète pas du reste...

RODRIGUE. Théodiste a raison... Quand une place ne veut pas capituler, il faut l'emporter d'assaut. Etonnons Florinde par un coup hardi... c'est une de ces natures fières et rétives qu'on ne peut dompter qu'en les surprenant.

THÉODISTE. Mais le comte peut revenir.

RODRIGUE. Il ne faut pas lui en laisser le temps.

ALIFA. Je suis votre esclave, sire, commandez...

RODRIGUE. Eloigne les femmes de Florinde et quand il sera temps de me montrer, reviens me donner le signal... va...

*Alifa sort.*

## SCÈNE VI.

### RODRIGUE, THÉODISTE.

RODRIGUE. Que je la voie, que je lui parle et son indifférence fondra devant mon amour comme la glace aux rayons du soleil.

THÉODISTE. En vérité, sire, je ne vous vis jamais enflammé de la sorte.

RODRIGUE. Oh ! c'est que les obstacles ont irrité mes désirs et transformé en passion ce qui n'était d'abord qu'un simple caprice... Depuis le jour où Florinde a ébloui mes yeux, les autres femmes n'existent plus pour moi. J'emporte partout le trait qui m'a blessé, je ne vois plus au monde que Florinde, je ne puis vivre sans elle... il faut qu'elle soit à moi !

THÉODISTE. Mais prenez garde au comte Julien... c'est un homme qui ne plaisante pas sur ce qu'il appelle son honneur.

RODRIGUE. Si, comme je l'espère, Florinde vient à partager mon amour, nous trouverons bien moyen de cacher notre bonheur aux yeux du comte.

THÉODISTE. Au fait, sire, n'est-il pas gouverneur de Ceuta ? Les infidèles, qu'il a battus tant de fois en Afrique, sont, dit-on, plus menaçants que jamais, et votre altesse pourrait lui ménager quelque nouveau voyage d'outre-mer.

RODRIGUE. Silence !... j'entends du bruit de ce côté...

THÉODISTE. Serait-ce déjà le comte ? Sire, hâtons-nous...

*Il va pour sortir.*

RODRIGUE. Il est trop tard.

THÉODISTE. Derrière ces bosquets...

*Ils se cachent sous le bosquet, à droite. La nuit vient.*

## SCÈNE VII.

### RICAS, LE COMTE JULIEN ; LE ROI, THÉODISTE, *cachés.*

RODRIGUE, *à part.* Ricas à Tolède !...

LE COMTE. Maintenant que vous êtes en sûreté chez moi, parlez, Ricas. Qui vous a fait quitter Narbonne, le lieu de votre exil ? qui vous amène ici malgré le danger qui vous y attend ?

RICAS. Ce qui m'amène, comte, le voici : Je n'ai pu voir l'Espagne pencher vers sa ruine sans essayer de lui porter secours.

LE COMTE. Mais l'Espagne est triomphante !

RICAS. Triomphante au dehors, malheureuse au dedans.

LE COMTE. Vous parlez en exilé, Ricas.

RICAS. Je parle en Espagnol... et s'il y a, de l'Ebre au Guadalquivir, un homme capable de me comprendre, c'est vous.

LE COMTE. Je ne vous comprends pas.

RICAS. Alors, c'est que vous fermez à la fois les yeux et les oreilles... c'est que vous ne voyez pas la misère du peuple... c'est que vous n'entendez pas les plaintes de la nation...

LE COMTE. Et que proposez-vous, Ricas, pour faire cesser ces plaintes, pour adoucir cette misère ?

RICAS. Quand un arbre étend ses rameaux et ses racines aux dépens de tout ce qui l'entoure, buvant l'air et le soleil de telle façon que tout sèche et meurt dans son ombre, on déracine l'arbre, et tout refleurit.

LE COMTE. Ricas ! Ricas ! la royauté est un arbre qu'on ne déracine pas sans déchirer les entrailles de la terre où il a grandi. Que mettriez-vous à la place de Rodrigue ?

RICAS. Vous, comte.

LE COMTE. Moi !... J'ai juré fidélité à Rodrigue, et je n'ai pas l'habitude de trahir ma parole... Je ne la donne pas aisément ; mais une fois donnée on peut compter sur elle. Certes, Rodrigue n'est pas un roi tel que le voudrais, roi pour son peuple et non pour lui ; ses plaisirs lui font trop souvent oublier ses devoirs ; mais laissez se dissiper cette première effervescence de la jeunesse, et vous trouverez en lui l'homme énergique et brave que réclame l'Espagne. Croyez-moi, Ricas, l'Espagne n'est déjà que trop fatiguée des discordes civiles. Si vous ne voulez pas qu'elle meure au bout de son sang, laissez-lui prendre le repos dont elle a si grand besoin.

RICAS. Du repos dans les mains de Rodrigue ! de cet homme pour qui rien n'est sacré, ni la foi du serment, ni l'honneur des familles ; dont les amours adultères laissent une tache de honte partout où elles s'abattent!... (*Rodrigue sort du bosquet avec Théodiste.*) Depuis cinq ans que, pour venger son père, le duc de Cordoue, il a conquis le trône sur Witiza, dites, Julien, qu'a-t-il accompli de noble? qu'a-t-il fait de grand? A quoi passe-t-il sa vie?... A se faire un sérail comme un roi d'Orient; à partager les orgies de jeunes débauchés; à boire, sur des lits de pourpre, du vin de Xérès et de Chypre, dans une coupe plus lourde que son épée!... De toutes les vertus qu'il promettait, uelle est celle qui lui reste?

RODRIGUE, *se montrant tout à coup.* La patience!

LE COMTE. Sire!...

RICAS. Le roi!

RODRIGUE. Oui, le roi, qui a su votre départ de Narbonne, qui vous a fait suivre à travers la Catalogne et l'Aragon, qui est entré derrière vous dans ces jardins, et qui arrive à temps pour récompenser la fidélité et punir la trahison. Comte Julien, je vous fais duc de Ceuta. Comte Ricas, rendez votre épée...

LE COMTE. Oh! sire!

RICAS. Oh! l'Espagne est bien maudite, puisqu'elle perd ainsi tous ses défenseurs!... Voilà mon épée, seigneur Théodiste... Peut-être vous semblera-t-elle un peu pesante; mais elle a été faite pour la main d'un soldat.

LE COMTE *est remonté devant le palais, et fait signe à un page de faire venir sa fille. Florinde paraît.* Venez, ma fille...

RODRIGUE, *surpris.* Florinde!

LE COMTE. Le roi vient de me faire une grâce; je ne puis donc lui en demander une autre... mais vous, ma fille, tombez à ses genoux: il est roi et chevalier; il ne vous refusera pas.

FLORINDE. Et quelle grâce faut-il que je demande à son altesse?

LE COMTE. Demandez-lui le pardon du vieil ami de votre père, du comte Ricas, qui a eu le malheur de l'offenser.

FLORINDE, *s'agenouillant.* Grâce, sire, grâce pour le comte Ricas!

RODRIGUE. La fille d'un capitaine comme le comte Julien ne doit pas craindre de toucher à l'arme d'un soldat... Señora, rendez cette épée au comte Ricas.

RICAS. Sire, est-il possible?...

RODRIGUE. Et maintenant, Ricas, il ne tiendra qu'à vous d'être de nos amis, quoique toute liberté vous soit laissée de rester notre ennemi.

RICAS. Sire, vous êtes généreux, vous serez grand.

VOIX *au dehors* Le roi! le roi!...

RODRIGUE. Que veut dire ceci?

## SCENE VIII.

LES MÊMES, GONSERIC, *avec une suite de soldats.*

GONSERIC. Le roi! le roi!

THÉODISTE, *lui montrant le Roi.* Le voici.

RODRIGUE, *surpris.* Gonseric!...

GONSERIC. Oui, sire, Gonseric, qui vient vous annoncer que l'émir Mouzza, favori du calife, s'est abattu sur l'Afrique avec ses cavaliers, comme une nuée de sauterelles, et qu'il faudra que vos soldats repassent le détroit, s'ils ne sont promptement secourus.

RODRIGUE. Et nos troupes ont perdu courage!

GONSERIC. Elles sont effrayées du nombre de leurs ennemis.

LE COMTE. Émir Mouzza, tu n'es pas encore vainqueur.

RICAS, *prenant la main du Comte.* Je vous ai compris.

LE COMTE. Bien!

RODRIGUE. Pour croire à cette nouvelle, j'ai besoin de l'apprendre de la bouche de Gonseric.

GONSERIC. A Tolède, on s'occupe peu de ce qui se passe en Afrique... Partout, sur mon passage, je n'ai entendu que le bruit des fêtes... J'étais venu en Espagne chercher des soldats, et je n'ai trouvé que des esclaves et des femmes.

RODRIGUE. Tu es sévère, Gonseric... Parce que le palais de Tolède ne ressemble pas à un camp, et que nous ne portons pas le casque en tête et la hache sur l'épaule, tu prends un air sinistre, et tu t'écries déjà: C'en est fait de la patrie! Mais nous te ferons voir, au besoin, que nous sommes toujours les enfants d'Alaric, d'Alaric qui, traversant le monde, un jour détruisit Rome.

GONSERIC. S'il vous souvient encore de vos pères, n'attendez pas que les Mores viennent vous égorger jusque dans vos foyers... Le torrent s'avance, et il ne s'arrêtera pas parce que vous lui aurez crié, du milieu de vos fêtes: Tu n'iras pas plus loin!

RODRIGUE. Gonseric, ta rude franchise sonne bien à mes oreilles... Le danger et grand, dis-tu? tant mieux! pour de grandes choses, le roi Rodrigue est toujours prêt... Tu marcheras à mes côtés, Gonseric, et tu verras mon épée balayer les ennemis de l'Espagne comme le simoun balaye la poussière du désert. Et vous, qui venez troubler mes plaisirs, mécréants maudits... oh! je me vengerai sur vous.

FLORINDE. Il part! Oh! merci, mon Dieu!

RODRIGUE. Partons, Gonseric!

LE COMTE. Non, sire, vous ne partirez

pas ; votre place est au milieu de vos états. Sire, l'Espagne n'est pas encore assez habituée à son jeune roi pour qu'il puisse la quitter sans péril. C'est moi qui partirai pour l'Afrique.

FLORINDE, *à part.* Dieu !...

RICAS. Sire, j'accompagne le comte Julien, et cette épée que vous m'avez rendue vous est consacrée à jamais.

RODRIGUE. C'est bien !... Comte, je dois céder à vos conseils. Partez donc ; allez ranimer l'ardeur de nos troupes et jeter la terreur parmi les infidèles. Abaissez l'orgueil du croissant devant le signe glorieux de notre rédemption, et ne revenez vers nous que lorsque l'Afrique sera pacifiée ou conquise.

THÉODISTE, *à part.* C'est-à-dire le plus tard possible.

FLORINDE. Vous m'emmenez avec vous, mon père ?

LE COMTE. Y penses-tu, ma fille ? au milieu de tant de fatigues et de dangers ?...

FLORINDE. Mon père, ne me laissez pas seule, par pitié !...

LE COMTE. Que crains-tu, ma fille ? c'est au roi lui-même que je vais te confier... Sire, je n'ai rien de plus précieux au monde que ma Florinde... je la laisse en partant sous votre royale sauve-garde.

RODRIGUE. C'est un honneur dont nous tâcherons de nous rendre digne.

LE COMTE. J'y compte ; sire, que Dieu vous protége... Ma fille, ma fille, adieu !

FLORINDE. Mon père, mon père, pourquoi m'abandonnez-vous ?...

RODRIGUE, *à part.* Seule !... confiée à ma garde !...

THÉODISTE. Maintenant, elle est à nous.

Le Comte reconduit sa fille jusqu'au palais, puis revient baiser la main du Roi. — Tableau.

## ACTE DEUXIÈME.

Un salon gothique. Au fond, grande porte à vitraux, ouvrant sur une galerie. De chaque côté, au second plan, une porte. A droite, au premier plan, une fenêtre, un guéridon ; devant la fenêtre, plusieurs parchemins et tout ce qu'il faut pour écrire ; un grand fauteuil et plusieurs siéges. A gauche, faisant face à la fenêtre, est un prie-Dieu ; un peu en devant, un grand fauteuil.

### SCÈNE PREMIÈRE.

FLORINDE, ALIFA.

Au lever du rideau, Florinde est agenouillée au prie-Dieu.

FLORINDE. Dieu, qui voyez mes larmes, et qui savez tout ce que j'ai souffert, ne me laissez pas plus longtemps sans secours ! Rendez-moi mon père... c'est le seul appui qui me reste... Prenez pitié de moi, mon Dieu : lorsque je descends en moi-même, ma faiblesse me fait peur !

ALIFA ; *elle entre mystérieusement par la porte de gauche.* Señora, señora, quelqu'un est là sur le seuil de la porte, priant et suppliant ; quelqu'un devant qui l'Espagne tremble, et qui tous les jours vient implorer la pitié d'une esclave, et que tous les jours l'esclave renvoie triste et désespéré.

FLORINDE *se lève.* Aucun message n'est arrivé d'Afrique ?...

ALIFA. Aucun, señora.

FLORINDE. Mon père, mon père, m'avez-vous aussi abandonnée ? Il y a un mois, un mois tout entier que j'attends... Oh! je suis malheureuse !...

ALIFA. Toujours des larmes, señora.

FLORINDE. Laisse-moi, Alifa ; et que personne ne vienne troubler ma solitude.

Alifa sort.

### SCÈNE II.

FLORINDE, *seule.*

Qu'as-tu dit, ô mon père, en recevant la lettre qui t'apprenait mon déshonneur et le tien ? Longtemps j'ai hésité entre la mort et cet aveu... Mais je me suis dit : Dieu m'a gardé mon père... c'est lui qui me vengera. Ne m'as-tu point accusée de faiblesse ? n'as-tu point rejeté le crime sur la fille ? Rodrigue, Dieu sait quel est le coupable, et si mes pleurs et mes prières ont eu sur toi quelque pouvoir... Peut-être imprudente, t'ai-je trop laissé voir l'amour dont mon cœur n'avait pu se défendre. Oh ! lâcheté ! honteuse ! qui le croirait ? Oui, Rodrigue, malgré l'outrage que tu m'as fait, j'ai de la peine encore à te haïr... Il le faut pourtant, et le devoir saura bien dompter ma passion insensée... mais alors même que je ne pourrais pas t'arracher de mon cœur, ne crois pas que ton crime reste impuni et que je dévore ma honte en silence. Non ; je sais trop qui je suis ; et dût ma vengeance retomber sur ma tête... je serai vengée.

## SCENE III.

FLORINDE, ALIFA, *revenant par la même porte.*

ALIFA. Señora, un messager d'Afrique.

FLORINDE, *joyeuse.* D'Afrique!... un messager... qu'il vienne, qu'il vienne. (*A elle-même.*) Je tremble... que va-t-il m'apprendre?

*Alifa sort.*

## SCENE IV.

RODRIGUE, FLORINDE.

FLORINDE, *surprise.* Trahison!... c'est le roi!...

RODRIGUE. Non, ce n'est pas le roi... C'est un homme qui t'aime!

FLORINDE. Sire, que venez-vous faire ici?

RODRIGUE, *la suppliant.* Obtenir le pardon de mon crime, ou mourir à tes pieds.

FLORINDE, *reculant.* Sortez! sire, sortez!

RODRIGUE. Par grâce, Florinde, écoute-moi un seul moment!... Veux-tu me désespérer? veux-tu que je devienne fou de douleur?... Je suis si malheureux que toute autre femme aurait pitié de moi... Florinde, Florinde... ne me pardonneras-tu jamais?...

FLORINDE. Vous pardonner... vous me mépriseriez si j'en étais capable!

RODRIGUE, *avec douleur.* Ah! que tu me punis cruellement d'un instant de délire!... Oui, j'aurais dû te fléchir à force de soins et de persévérance... mais j'avais pensé que ton cœur n'était pas insensible à tant d'amour...

FLORINDE. Et qui vous a fait croire?...

RODRIGUE. Rien, rien... j'étais insensé...

FLORINDE. Ainsi vous voudriez me rendre complice de votre crime?... c'est moi qui ai provoqué cet amour? c'est moi qui ai appelé sur ma tête l'opprobre qui doit y peser éternellement?...

RODRIGUE. Non, Florinde; je suis le seul coupable... jamais tu ne m'as aimé, je le vois trop à présent... Quel ton courroux est-il inexorable? Quel sacrifice exiges-tu de moi? Que ne puis-je t'offrir un trône?... Maudit soit le jour où la reine Égilone m'a pris pour son époux!

FLORINDE. N'outragez pas la reine... elle est digne de vos respects!

RODRIGUE. Mais je ne l'aime pas!... je ne l'ai jamais aimée! et maintenant je la hais de tout l'amour que j'ai pour toi!... Dis un mot, et dans quelques jours un bref de Rome fera de mon épouse une étrangère!

FLORINDE. Les larmes d'une première épouse sont une mauvaise rosée pour un second hymen.

RODRIGUE. Que veux-tu que je fasse?... (*A lui-même.*) Mais je ne trouverai donc rien pour la persuader... Oh! prends garde! Florinde... ne me pousse pas à quelque extrémité!... (*Elle fait un pas pour sortir.*) Arrête, au nom du ciel... et pardonne!... Si tu savais... depuis que ce fatal amour s'est emparé de moi, je ne me reconnais plus... J'étais bon autrefois : ta haine m'a rendu méchant... Mille pensées contraires bouleversent à chaque instant mon âme... Parfois je voudrais conquérir le monde pour le mettre à tes pieds... parfois aussi je voudrais détruire les lois, les coutumes, la société tout entière pour te posséder sans trouble et sans remords... Oh! pourquoi ne sommes-nous pas nés tous les deux pauvres et obscurs dans quelque humble village?... libre de la contrainte qui pèse sur la tête des rois, on ne m'eût point imposé un hymen détesté... J'aurais aimé Florinde et Florinde m'aurait peut-être aimé...

FLORINDE. Un roi, sire, ne doit jamais regretter d'être roi.

RODRIGUE. Périsse ma couronne, puisqu'elle m'empêche d'être heureux!... Les fils de Witiza réclament l'héritage de leur père... veux-tu que je le leur rende?... Il n'y a plus ici de roi d'Espagne; il n'y a que Rodrigue aux genoux de Florinde... Viens; allons dans quelque lieu solitaire cacher notre bonheur aux yeux du monde entier!

FLORINDE. Quand vous ne seriez plus roi, don Rodrigue, vous seriez toujours époux.

RODRIGUE. Ah! tu prends plaisir à me briser le cœur... Florinde, ne m'irrite pas... je suis roi, je peux tout, et je t'aime!

FLORINDE, *sévèrement.* Sire, vous oubliez que vous êtes chez le comte Julien... que votre présence ici est un nouvel outrage et qu'il est temps d'y mettre un terme. Sortez, sire, sortez!

RODRIGUE, *avec force.* Eh bien! non, je ne sortirai pas!

FLORINDE, *de même.* Sire!

RODRIGUE, *de même.* Je ne sortirai pas que tu ne m'aies pardonné... Je suis chez le comte Julien, dis-tu? qu'il vienne donc lui-même pour me chasser d'ici!

VOIX, *au dehors.* Vive le comte Julien!...

FLORINDE, *avec joie.* Mon père!... enfin!...

## SCÈNE V.

LES MÊMES, LE COMTE, MOUZZA, SEIGNEURS, PAGES.

FLORINDE, *allant au devant de lui.* Mon père.

RODRIGUE. Le comte Julien!...

LE COMTE. Oui, sire; le comte Julien, qui veut être le premier à vous donner avis du succès de ses armes. Les Mores sont vaincus, et voici leur chef que j'ai fait prisonnier et que je remets aux mains de votre altesse.

RODRIGUE. Émir Mouzza, ce n'est pas moi qui vous ai vaincu, vous ne m'appartenez donc pas... vous appartenez au comte Julien, duc de Ceuta... c'est avec lui que vous traiterez de votre rançon.

MOUZZA. Allah m'a fait riche et puissant en Mauritanie... Quand le comte Julien voudra me dire le prix qu'il met à ma liberté, j'enverrai un messager en Afrique, et à son retour nous mesurerons ce qu'il apportera dans son casque ou dans mon turban.

LE COMTE. Émir Mouzza, j'ai votre parole que vous ne chercherez point à fuir?

MOUZZA. Par Mahomet! je le jure.

LE COMTE. Vous avez mon palais pour demeure, Tolède pour jardin, l'Espagne pour prison.

MOUZZA. Est-ce le bon plaisir du sultan chrétien?

RODRIGUE. Oui; allez.

## SCÈNE VI.

RODRIGUE, LE COMTE, FLORINDE.

RODRIGUE. Recevez, comte, les félicitations que vous méritez si justement... Quelque accoutumé que nous soyons à vos triomphes, nous ne nous attendions pas à une réussite aussi complète et nous n'osions espérer un aussi prompt retour.

LE COMTE. Moi-même, sire, en quittant ce palais je n'espérais pas y revenir sitôt... mais les circonstances l'ont voulu, et je me tiens heureux de me trouver aujourd'hui entre ma fille et mon roi.

FLORINDE, *à part*. Est-ce bien lui qui parle ainsi?

RODRIGUE. Après ces nouveaux succès, comte, je ne sais plus comment vous honorer.

LE COMTE. Que puis-je désirer encore?... quel homme fut ainsi que moi honoré par son prince? quel roi s'est montré plus reconnaissant que vous, sire?... Si j'ai exposé mes jours dans plus de vingt batailles, si je vous ai préparé les voies au trône, si chacune de mes journées vous a donné des preuves de mon zèle et de mon dévouement, vous, sire, sans parler des honneurs dont vous m'avez accablé, vous m'avez rendu un service qui efface à mes yeux tous ceux que je vous ai rendus... Vous avez veillé comme un père sur ma fille que je vous avais confiée et dont l'honneur est ce que j'ai de plus cher au monde, et vous me la rendez en bon et loyal dépositaire. Votre présence ici est la preuve d'une sollicitude dont j'étais assuré d'avance. Comptez sur la reconnaissance qui vous est due, sire... il est de ces choses qui ne s'oublient pas, et je ne sais comment remercier votre altesse.

RODRIGUE. Parlons de vos succès... Nous voilà donc, grâce à vous, délivrés encore une fois de ces éternels ennemis... Un pareil service ne peut rester sans récompense... Vous êtes plus digne que moi de gouverner l'Espagne : soyez mon premier ministre!

LE COMTE. J'accepte, sire.

RODRIGUE. Et je vous en remercie. (*A part.*) Il ne sait rien. (*Haut.*) Maintenant je comprends qu'après une aussi longue absence, un père et une fille aient besoin de se trouver ensemble... Adieu, comte, adieu.

Il sort par le fond avec les Seigneurs.

## SCÈNE VII.

LE COMTE, FLORINDE, RICAS, GONSERIC, UN SEIGNEUR.

Après la sortie du Roi, le Comte entre à gauche, aussitôt paraissent Ricas, Gonseric et un Seigneur. Le Comte leur fait signe de s'asseoir, puis par un geste, ordonne à Florinde de se rester.

FLORINDE, *à part*. Pas un mot, pas un regard pour moi...

Pendant cet aparté, il va regarder au fond; puis revient vers les Seigneurs.

LE COMTE, *debout devant eux*. Je vous rends grâce de votre exactitude, mes amis. Nous voici rassemblés; écoutez-moi. (*Ils s'asseoient tous en silence.*) Si un homme avait payé vos bienfaits de la plus noire ingratitude; s'il vous avait marqués de l'affront le plus sanglant qui puisse allumer la rage dans un noble cœur; s'il avait uni, par trahison et violence, porté le déshonneur dans votre maison; s'il avait enfin séduit et souillé votre fille... dites, que feriez-vous?

RICAS. Nous ne dormirions pas avant d'être vengés.

GONSERIC. C'est le devoir de tout noble espagnol.

LE COMTE. Et si l'un de vos amis avait reçu cette injure... s'il voulait en tirer une juste vengeance... dites, l'aideriez-vous?

TOUS, *se levant*. Oui... oui...

RICAS. Dans un pareil malheur, nos conseils et nos épées ne lui manqueraient pas.

LE COMTE. Eh bien! écoutez donc... Le roi Rodrigue est le coupable... et voilà sa victime.

Il passe entre Ricas et Gonseric et leur montre Florinde, qui est toujours à gauche et qui tombe assise dans un fauteuil en cachant son visage.

TOUS. Ciel ! Rodrigue !

LE COMTE. Oui, Rodrigue... voilà comme il récompense ce que l'on fait pour lui.

TOUS. Le roi !

LE COMTE. J'ai craint d'abord de me laisser aller à la colère... La colère est bien souvent une mauvaise conseillère... Je suis content de voir que vous m'approuviez et soyez tous disposés à me servir... Il me faut une vengeance terrible... une vengeance qui épouvante le présent et qui instruise l'avenir... Il faut que l'affront disparaisse dans la grandeur du châtiment... Je puis compter sur vous?... Vous ne répondez pas?...

RICAS. Si tout autre eût été l'offenseur, comte, nous vous eussions servi comme il convient à des hommes de cœur... mais la tête des rois est sacrée.

LE COMTE. Et c'est vous, Ricas, qui parlez de la sorte?...

RICAS. A votre prière, le roi m'a pardonné, il m'a tendu la main, il m'a rendu sa confiance... jamais je ne tenterai rien contre le roi.

LE COMTE, *avec force*. Donc, parce qu'il est roi il faut attendre que ses forfaits montant, montant toujours, aillent réveiller la foudre jusque dans les mains de Dieu?... Quant à moi, voici mon sentiment : plus le coupable est grand et plus grand est le crime... Je dis que celui qui se fait de l'instrument du bien un instrument du mal, qui rend la royauté complice de tous ses désordres, qui, drapé dans son impunité se fait un jeu de l'honneur des familles, je dis que, si terrible que soit le coup qui doit le frapper, celui-là n'a pas le droit de se plaindre, car jamais le génie humain n'inventera un supplice qui puisse égaler ses forfaits.

GONSERIC. Comte, tant de destinées sont attachées à celles d'un grand roi, qu'il n'est pas permis de toucher à l'élu du Seigneur... C'est du fond du cœur que nous vous plaignons tous... Oui, Rodrigue est coupable... bien coupable... mais plus l'outrage est grand et plus le pardon est beau, et il n'est rien au monde de si difficile et de si héroïque qu'on ne doive attendre du comte Julien.

LE COMTE. Ainsi, je dois dévorer mon affront en silence... C'est votre avis à tous ? C'est bien... n'en parlons plus... Oh ! la vengeance ! la vengeance !... où m'eût-elle entraîné ?... Merci de votre bon conseil... Si vous saviez ce que je voulais faire !... mais j'étais insensé, votre raison m'a ouvert les yeux... Allons, c'est fini... ma fille et moi nous n'avons plus qu'à nous résigner et à pleurer nos malheurs...

*Il reste absorbé; ils sortent tous trois.*

## SCÈNE VIII.

### LE COMTE, FLORINDE.

FLORINDE, *venant tomber aux pieds de son père*. Mon père ! mon père !...

LE COMTE. Florinde à genoux !... mais c'est la place des coupables !

FLORINDE, *avec fierté*. Mon père, je puis encore lever la tête devant vous !

LE COMTE, *lui tendant les bras*. Alors ! dans mes bras, sur mon cœur.

FLORINDE. Mon père !...

LE COMTE, *l'embrassant*. Ma fille... mon enfant !...

FLORINDE, *pleurant*. Ils se taisent, ils s'éloignent, ils nous abandonnent tous; mais vous, vous mon père, vous ne laisserez pas cet outrage impuni, n'est-ce pas?...

LE COMTE. Ne m'interroge pas... va, et songe seulement que je t'aime toujours... (*Il la reconduit à droite, appelant.*) Éric !

ÉRIC, *paraissant*. Monseigneur ?

LE COMTE. Mon prisonnier ?

ÉRIC. Il est ici.

LE COMTE. Qu'il entre.

*Éric sort et introduit Mouzza.*

## SCÈNE IX.

### LE COMTE, MOUZZA.

MOUZZA. Tu m'as fait demander ; me voici, j'attends.

LE COMTE *va s'asseoir à gauche*. Tu sais que tu es à moi, que tu m'appartiens, que je puis faire de toi ce que je veux.

MOUZZA. Le prophète a voulu que ses favoris fussent éprouvés sept fois sur la terre avant d'arriver à son paradis.

LE COMTE. Tu m'appartiens par le droit le plus sacré entre soldats, par le droit de l'épée... tu le sais.

MOUZZA. Je le sais.

LE COMTE. Je pourrais donc faire de toi comme font les Arabes des chrétiens, te mettre une chaîne au pied et dire : Voilà mon esclave ; te mettre un collier au cou et dire : Voilà mon chien !

MOUZZA. Tu le peux.

LE COMTE. Je pourrais encore, comme font les chrétiens des Arabes, t'ouvrir la porte de quelque mine profonde, refermer cette porte sur toi et dire : Fils du soleil, tu as vu le soleil pour la dernière fois, courbe-toi, fouille la terre et ne te relève qu'un lingot d'or ou d'argent dans chaque main.

MOUZZA. Ce serait indigne de toi et de moi; mais si le prophète t'aveugle, tu peux le faire.

LE COMTE. Bien.

MOUZZA. Seulement, tu songeras que Mouzza est riche, que Mouzza est un puissant émir, qu'il possède tout le terrain qui s'étend du mont Atlas à Calama, qu'il a enfoui sous les voûtes de son palais dix tonnes d'or que les génies de la terre et lui connaissent seuls, qu'il a un sérail où sont enfermées deux cents femmes, qui attendent chaque soir, à genoux, qu'il veuille bien étendre la main vers l'une d'elles; qu'il a un haras où bondissent mille chevaux, fils du désert et du vent. Tu lui demanderas cinq tonnes d'or, cent femmes, cinq cents chevaux, et tu le renverras libre.

LE COMTE. Je suis aussi riche que toi, émir. J'ai cinq palais pareils à celui-ci; en venant de Tarifa à Tolède, tu as marché deux jours entiers sur mes terres... j'ai autant de villages que tu as de femmes, et si tu as mille coursiers, j'ai dix mille vassaux. Tu ne peux donc pas me faire plus riche que je ne le suis, tandis que je puis te faire, moi, le plus misérable des enfants du prophète.

MOUZZA. Dis ce que tu veux faire de moi, et je t'écouterai avec les oreilles d'un esclave, mais avec le cœur d'un homme... C'est à Allah de te juger si tu abuses de ta victoire.

LE COMTE, *se levant*. Mouzza, j'ai préparé pour toi deux demeures: l'une dans les prisons du palais, avec une chaîne aux pieds, un rayon de jour pour tout soleil.

MOUZZA. Et l'autre?...

LE COMTE. L'autre dans le palais de Tolède, entre la salle du trône et la chambre du conseil. Emir Mouzza, veux-tu avoir une chaîne aux pieds ou une couronne sur la tête? Veux-tu être mon esclave ou veux-tu être mon roi?

MOUZZA. Que dis-tu, chrétien?... je ne te comprends pas.

LE COMTE. Infidèle, tu as vu l'Espagne... qu'en penses-tu?

MOUZZA. C'est le paradis du monde!

LE COMTE. Eh bien! je te donne le paradis... je te donne l'Espagne!

MOUZZA. A moi?...

LE COMTE. Oui... La veux-tu?

MOUZZA. L'Espagne n'est pas à toi.

LE COMTE. Encore une fois, veux-tu l'Espagne?

MOUZZA. Et pourquoi me l'offres-tu à moi plutôt qu'à un autre?

LE COMTE. Parce que tu es là sous ma main au moment où j'ai besoin d'un homme et d'une vengeance.

MOUZZA. Bien... tu as trouvé l'homme... Maintenant que faut-il faire pour t'aider dans ta vengeance?

LE COMTE. Prendre Ceuta et débarquer à Calpé avec tout ce que tu pourras réunir de Sarrasins, de Mores et d'Arabes.

MOUZZA. Mais nous n'avons plus de vaisseaux.

LE COMTE. Tu en trouveras dans le port de Ceuta.

MOUZZA. Tu es gouverneur de Ceuta et tu sais bien que Ceuta est imprenable.

LE COMTE, *allant à la table de gauche. Il écrit quelques lignes et appose le sceau de l'état*. Je te la livre.

MOUZZA. C'est un rêve que je fais.

LE COMTE. Oui, un rêve d'or, car tu te réveilleras roi!...

MOUZZA. Et que me demandes-tu en échange?

LE COMTE. Rien.

MOUZZA. Que te reviendra-t-il de la perte de ton pays?...

LE COMTE. La perte du roi.

MOUZZA. Je puis donc partir?

LE COMTE. Quand tu voudras.

MOUZZA. Je suis libre?

LE COMTE. Comme moi-même.

MOUZZA. Ma parole?...

LE COMTE. Je te la rends.

MOUZZA. Adieu, comte Julien.

LE COMTE. Adieu, sultan Mouzza.

## SCÈNE X.

LE COMTE, THÉODISTE, FLORINDE, SEIGNEURS.

CRIS AU DEHORS. Vive le comte Julien!...

*Le Comte reconduit Mouzza à la porte de droite.*

FLORINDE, *au Comte*. Mon père, quels sont ces cris et d'où vient ce tumulte?

LE COMTE. Ecoute!...

THÉODISTE. Comte Julien, le roi, mon maître, nous envoie vers vous, avec ordre de vous conduire solennellement au palais de Tolède... Il vous attend dans la grande salle du trône, entouré de toute sa cour, pour remettre entre vos mains les insignes de votre nouvelle dignité et vous proclamer premier ministre.

LE COMTE. Nous sommes prêts à vous suivre.

FLORINDE. Nous... près de lui... mon père...

LE COMTE. Silence! quitte ces habits de deuil, ma fille; je suis premier ministre, et je commande après le roi!

## ACTE TROISIÈME.

Une salle du palais du Roi, à Tolède. Grande porte vitrée, au fond, donnant sur une galerie; deux portes latérales avec tentures. A droite, une table chargée de parchemins; un grand fauteuil près de la table; un autre à gauche; deux autres de chaque côté de la porte du fond.

### SCÈNE PREMIÈRE.

LE COMTE JULIEN, RICAS.

Au lever du rideau, Le Comte est assis à droite, Ricas est auprès du Comte, debout.

LE COMTE. Ainsi c'est convenu, Ricas, vous revenez dans deux heures prendre vos dépêches, et vous partez sur-le-champ pour la Sicile.

RICAS. Oui, comte. Mais permettez-moi de m'étonner de ce qui se passe sous mes yeux. Certes, je vous savais grand et généreux... mais un pareil dévouement.... c'est plus que je n'osais espérer.

LE COMTE. Vous voyez là, mon ami, l'effet de vos conseils.

RICAS. Punir un ingrat en l'accablant de bienfaits, c'est se venger en héros.

LE COMTE. C'est tout simple, Ricas. L'Espagne ne devait pas souffrir de mes douleurs de père.

RICAS. Donc, la haine est morte au fond de votre cœur?

LE COMTE. Rodrigue a vaincu... J'étais son ennemi, me voilà son premier ministre.

ÉRIC, *lui remettant un parchemin.* Monseigneur...

RICAS, *à part.* Il me trompe; ce changement cache quelque mystère?

LE COMTE, *après l'avoir lu.* Enfin, nos soldats sont jetés loin de la mer; plus de craintes de ce côté.

RICAS, *à part.* C'est étrange!

ÉRIC. Monseigneur, un étranger, un marchand arabe demande à vous voir.

LE COMTE. Fais-le venir. Pardon, Ricas, vous le voyez, je ne m'appartiens pas... mes instant sont comptés... Revenez dans deux heures prendre vos dépêches : dans deux heures je vous attends.

RICAS. Je vous laisse, comte.

*Il sort, à gauche.*

### SCÈNE II.

MOUZZA, *entrant du fond.* LE COMTE.

LE COMTE, *surpris.* Mouzza!
MOUZZA. J'ai tenu ma parole, et me voici.
LE COMTE. Ceuta?
MOUZZA. Est prise.
LE COMTE. Calpé?
MOUZZA. Prise aussi.
LE COMTE. Et ton armée?
MOUZZA. Elle s'avance, rapide et terrible comme le vent du désert.
LE COMTE. Enfin!
MOUZZA. Tarik et nos principaux chefs m'ont suivi jusqu'aux portes de Tolède... Ils désirent avoir avec toi une entrevue secrète... Où devrons-nous t'attendre?
LE COMTE. Au château d'Elbora.
MOUZZA. Celui que ton peuple appelle le château maudit?
LE COMTE. Oui! Nous y serons en sûreté... car une prédiction enracinée depuis des siècles dans l'esprit du peuple annonce que le règne des Goths doit finir le jour où s'ouvriront ses portes mystérieuses; et j'en profiterai pour jeter la terreur et le découragement dans l'Espagne tout entière.... Les traditions populaires sont choses avec lesquelles on ne joue pas impunément... Semées dans le cœur des hommes, on ne sait par qui ni dans quel temps, elles y germent, grandissent, s'y développent d'âge en âge, et deviennent comme ces fleuves qui sont d'autant plus sacrés que leur source est inconnue.
MOUZZA. Quel est ton dessein?
LE COMTE. Tu le sauras.
MOUZZA, *à part.* Si c'était un piége!....
(*Haut.*) Ecoute! Le prophète a dit : Ceux qui en te donnant la main te prêtent serment, le prêtent à Dieu... Quiconque violera ce serment sera puni par la main de Dieu...
LE COMTE. Ne crains rien, Mouzza... tu sera content. Je tiendrai ma promesse.
MOUZZA. Alors, au château d'Elbora...
LE COMTE. Ce soir... A la douzième heure!
MOUZZA. J'y serai.

*Il sort par le fond.*

### SCÈNE III.

LE COMTE, FLORINDE.

FLORINDE, *entrant par la droite.* Mon père, mon père!
LE COMTE. Qu'as-tu, mon enfant? pourquoi ce trouble?
FLORINDE. Mon père, emmenez-moi, fuyons cette odieuse cour... Vous avez exigé de moi ce cruel sacrifice... mais les forces m'abandonnent et je me sens mourir. Songez à quel supplice vous m'avez condamnée.. Le déses-

poir dans le cœur, venir sourire à chaque fête... N'oser lever les yeux de peur qu'on ne lise ma honte écrite sur mon visage!... oh c'est horrible.... Emmenez-moi, mon père, par pitié, emmenez-moi!

LE COMTE. Eh bien, je cède à tes vœux, ma fille, nous partirons ce soir.

FLORINDE. Ce soir!

LE COMTE. Oui, ce soir...

FLORINDE, *à part*. Déjà?

LE COMTE. Pardonne-moi de t'avoir fait souffrir si longtemps... J'ai bien compris tes douleurs, va... mais la nécessité... Enfant, n'accuse pas ton père; il n'a fait que ce qu'il devait faire. Prépare-toi en secret, et sans perdre un moment.

FLORINDE. En secret! le roi n'est donc pas informé de notre départ?

LE COMTE. Il doit l'ignorer.

FLORINDE, *à part*. Le roi ne sait rien! (*Haut*.) Mon père, vous avez quelque dessein terrible?...

LE COMTE. Pourquoi cette frayeur? Que t'importe que le roi sache ou non notre départ? Ma fille n'a-t-elle plus confiance en moi?

FLORINDE. Oh, ne le croyez pas.

LE COMTE. Ai-je besoin de me justifier à ses yeux?

FLORINDE. Non, non, mon père...

LE COMTE, *sévèrement*. Alors hâte-toi de m'obéir. Vous m'avez entendu... Florinde, pourquoi ces pleurs?

FLORINDE. Moi, mon père, vous vous trompez... non, non, je ne pleure pas.
*Elle sort en sanglotant.*

LE COMTE. Oh, mon Dieu! l'aimerait-elle!

## SCÈNE IV.

LE COMTE, RODRIGUE, THÉODISTE.

RODRIGUE, *il vient du fond suivi de Théodiste et de quelques Pages, et va s'asseoir à gauche. Le Comte debout à côte de lui, Théodiste à gauche*. Toujours occupé, comte... A vous toutes les fatigues, tous les ennuis de la royauté, à moi tous les honneurs et tous les plaisirs.

LE COMTE. Trop heureux d'épargner quelques soins à votre altesse.

RODRIGUE. Oui ; mais le partage est trop inégal, il faudra que j'y mette ordre... Après tout, je ne suis pas aussi mauvais roi que vous le pensez peut-être, mon cher comte... mais que voulez-vous, je suis si mal entouré!

THÉODISTE, *s'inclinant*. Merci, altesse.

RODRIGUE. Des flatteurs, des débauchés qui profitent de ma faiblesse pour m'entraîner au mal... mais patience! tout cela changera, je vous en donne ma parole royale.

LE COMTE. Pour être un grand roi, sire, vous n'avez qu'à vouloir.

RODRIGUE. Oui, mais en attendant, les plaisirs coûtent cher, et si vous ne me venez en aide, je serai forcé de mettre en gage mon sceptre et ma couronne.

THÉODISTE. Il n'y a pas que les plaisirs qui vous ruinent, sire: si vous avez près de vous des flatteurs et des débauchés, vous avez aussi des ministres.

RODRIGUE. Il est dit que dans tous les siècles et sous tous les règnes cette place ne fera que des jaloux et des envieux.

LE COMTE. Notre administration, à ce que je vois, n'a pas le bonheur de plaire au seigneur Théodiste?

THÉODISTE. J'en conviens.

LE COMTE. Nous pensions que des méditations moins graves occupaient ses loisirs... maintenant que nous connaissons ses nouveaux penchans, nous serons heureux de les utiliser et de partager avec lui le fardeau des affaires publiques.

RODRIGUE. Eh bien! Théodiste, acceptes-tu les propositions du comte?

THÉODISTE. Je sais fort bien que le ciel ne m'a point fait pour administrer un royaume; mais il n'est pas nécessaire d'être un homme d'état pour s'étonner de ce qui se passe... En effet, pourquoi toutes ces troupes échelonnées sur la frontière tandis que l'intérieur est resté sans défense? Pourquoi ces permissions données à je ne sais quels marchands arabes de trafiquer à travers l'Espagne? pourquoi toutes ces constructions de palais et de monuments qui ont épuisé le trésor royal?... Si la guerre éclatait tout à coup, savez-vous, sire, qu'il y aurait de quoi s'épouvanter?...

RODRIGUE. Laisse faire mon étoile.

THÉODISTE. Je voudrais bien savoir comment notre grand ministre se tirerait d'affaires sans argent ni soldats.

LE COMTE, *avec intention*. Si votre altesse désire des explications, je suis tout prêt à la satisfaire.

RODRIGUE, *avec dignité*. Je vous ai fait mon premier ministre parce que j'avais confiance dans vos talents et dans votre loyauté... Vous demander compte de vos actes, ce serait douter de vous... je ne veux rien savoir... Maintenant, comte, occupons-nous des affaires sérieuses. Comme je vous l'ai dit, j'ai besoin d'argent... que me conseillez-vous?

LE COMTE. Il faut lever une nouvelle taxe sur le peuple.

RODRIGUE. Nous en avons déjà tant levé!

THÉODISTE. On murmure de toutes parts.

LE COMTE. On murmurera, mais on paiera.

RODRIGUE. Ne vaut-il pas mieux nous adresser aux juifs?

LE COMTE. Quelle garantie votre altesse veut-elle leur offrir?

RODRIGUE. Notre parole royale!

LE COMTE. Certes, elle est d'un prix inestimable... mais un juif ne prête pas sur un pareil gage.

THÉODISTE. Ah! sire! que n'avez-vous la baguette d'un enchanteur!

RODRIGUE. Dans l'état où je suis, je serais homme à conclure un pacte avec Satan... sauf, plus tard à faire pénitence...

LE COMTE. Vous n'avez plus d'argent, sire... il y a un moyen bien simple de remplir les coffres de l'état, et je m'étonne qu'on n'y ait pas songé plus tôt.

RODRIGUE. Et quel est ce moyen?

LE COMTE. Faites ouvrir le château d'Elbora.

RODRIGUE. Le château maudit?

LE COMTE. Vous savez qu'il renferme des monceaux d'or et de pierres précieuses.

RODRIGUE. Oui, mais cette prophétie...

THÉODISTE. Je m'étonne que le comte Julien ose donner un semblable conseil.

LE COMTE. Ah! le seigneur Théodiste s'effraye encore des contes de sa nourrice?...

THÉODISTE. Certes, je ne suis pas un homme à préjugés... je ne m'épouvante pas facilement... mais le château maudit...

LE COMTE. J'ai toujours remarqué que les plus incrédules étaient aussi les plus superstitieux.

THÉODISTE. Moi superstitieux!... allons donc!

LE COMTE. Le seigneur Théodiste ne croit ni à Dieu ni à Satan, mais il croit au château maudit. Au reste, sire, oubliez, je vous prie, ce que j'ai dit. Puisque le règne des Goths doit finir le jour où ces portes mystérieuses seront ouvertes, Dieu me préserve d'attirer un si grand malheur sur l'Espagne et sur le roi!

RODRIGUE. Ce n'est pas la peur qui me retient... mais je crains de blesser les croyances populaires.

LE COMTE. Eh! raison de plus, sire! pourquoi entretenir dans le peuple une erreur qui peut devenir dangereuse? Ouvrez le château maudit, sire, et prouvez à tous que la monarchie des Goths est fondée sur une base plus solide. Ouvrez le château maudit, et vous ferez à la fois deux grandes choses: vous enrichirez l'état et vous éclairerez la nation.

RODRIGUE, *se levant*. Eh bien! le sort en est jeté.

THÉODISTE. Sire, réfléchissez...

RODRIGUE. Nous verrons ce soir si la prédiction a dit vrai. (*Il remonte et appelle.*) Vamba!

VAMBA, *venant du fond*. Sire?

RODRIGUE. Je donne ce soir une fête dans le château d'Elbora?

VAMBA, *avec surprise*. Dans le château maudit?

RODRIGUE. Toute la cour y assistera... Qu'on dispose le vieil édifice à nous recevoir royalement; va. (*Vamba sort.*) Comte, vous serez du nombre des convives?

LE COMTE. Oui, sire, je vous le promets.

RODRIGUE, *allant vers Théodiste*. Quant à toi, Théodiste, si tu as peur, reste ici; mais, point de part aux dangers, point de part aux trésors.

THÉODISTE. Moi vous abandonner, sire? je vous suivrais jusqu'au fond des enfers.

RODRIGUE. A la bonne heure! Et maintenant allons nous préparer pour cette fête brillante. Comte, je vous donne rendez-vous au château maudit.

LE COMTE. J'y serai, sire, j'y serai.

## SCÈNE V.
### LE COMTE, *puis* RICAS.

LE COMTE. Pas un instant à perdre... il faut prévenir Eric, et hâter le départ de Florinde. (*Appelant.*) Eric! (*Ricas paraît à gauche, le Comte surpris.*) Ricas! Excusez-moi, mon ami, un ordre à donner... et je reviens dans un instant.

Il sort par le fond.

## SCÈNE VI.
### RICAS, FLORINDE.

FLORINDE. Comte!...

RICAS. Florinde!

FLORINDE. Ricas, ne partez pas, au nom du ciel, ne partez pas.

RICAS. Et pourquoi?

FLORINDE. Il y va de la vie de mon père, de la vie du roi, du salut de l'Espagne, peut-être.

RICAS. Expliquez-vous.

FLORINDE. Je sens qu'il se prépare quelque chose de terrible...

RICAS. Comment!

FLORINDE. Tout à l'heure, là, j'écoutais. En présence du roi, un nom fatal est sorti de la bouche de mon père... le nom du château maudit!

RICAS. Du château maudit!

FLORINDE. Comte, arrêtez mon père sur le bord de l'abîme, car si l'Espagne devait périr par lui, je n'y survivrais pas. Ricas, ne partez pas, au nom du ciel, ne partez pas.

RICAS. Oh! mes soupçons! mes soupçons!

Elle sort précipitamment.

## SCÈNE VII.

### RICAS, LE COMTE.

LE COMTE, *tenant des parchemins.* Voici vos dépêches, Ricas.

RICAS, *prenant les parchemins et les mettant sur la table.* C'est inutile, comte, je ne pars plus.

LE COMTE, *avec étonnement.* Comment! vous ne partez plus!... et pourquoi?

RICAS. Julien, vous m'avez sauvé la vie... je ferai plus pour vous, je vous sauverai l'honneur.

LE COMTE. Que voulez-vous dire?

RICAS. Que vous m'éloignez pour exécuter quelque horrible complot.

LE COMTE. D'où vous vient cette idée?

RICAS. Non, le comte Julien n'a pas accepté le pouvoir en échange du déshonneur de sa fille. Le comte Julien prépare sourdement sa vengeance, le comte Julien conspire.

LE COMTE, *avec force.* Ah! vous le comprenez donc enfin!... Eh bien! à la bonne heure! parlons à visage découvert.

RICAS. Malheureux, tu veux tuer Rodrigue!

LE COMTE. Pauvre vengeance! J'ai trouvé mieux que cela.

RICAS. Tu me fais trembler, Julien; que vas-tu faire?

LE COMTE. Demande-moi plutôt ce que j'ai fait, mais ne perds pas une minute, quitte l'Espagne, à l'instant même, fuis sans regarder derrière toi; car l'orage vient à pas de géant et enveloppera les innocents et les coupables...

RICAS. Que dis-tu?

LE COMTE. Je dis que le mal se rend avec usure, je dis que la mesure est comblée et qu'une main invisible a tracé sur la muraille l'arrêt de Balthazar!

RICAS. Oh! l'épouvante me gagne!

LE COMTE. Ecoute! écoute! là-bas du côté de la mer, entends-tu la marche lointaine de ce fléau vivant que Dieu envoie pour punir les crimes de Rodrigue?

RICAS. Aurais-tu donc livré l'Espagne aux mécréants?

LE COMTE. Eh bien! oui, je l'ai fait... puisque vous refusiez tous de servir ma vengeance... Maintenant, vous savez mon secret, partez, et laissez-moi partir.

RICAS. Arrête, malheureux, et contemple l'abîme où t'entraîne une aveugle vengeance. Livrer ta patrie, toi, qui depuis quarante ans prodigues ton sang pour la défendre? veux-tu perdre en un jour le fruit des labeurs de toute ta vie? Songe que l'inflexible histoire effacera pour ce seul crime la liste brillante de tes vertus et de tes services, et mettra à la place cette flétrissure éternelle: Le comte Julien fut un traître... il livra sa patrie à l'étranger!

LE COMTE. Non! si l'histoire est juste, elle dira: Le comte Julien vengea sur Rodrigue son honneur outragé.

RICAS. Mais contre tout un peuple, la vengeance est infâme!

LE COMTE. Vous n'avez pas d'enfants, vous, partant donc point de blâme! vous n'avez pas d'enfants!... mais si vous possédiez une fille, un ange de candeur, dont vos lèvres oseraient à peine toucher le front de peur d'en ternir la pureté; si vous aviez veillé quinze ans sur elle, comme un avare sur son trésor, et qu'un roi débauché vous l'eût déshonorée, alors je pourrais vous écouter, parce que vous pourriez me comprendre, parce que votre cœur serait comme le mien, avide de sang et de vengeance.

RICAS. Eh bien... je cède à ton malheur! Oui, pour toi, je me sens capable d'une trahison. Ecoute, je suis venu, une nuit, au nom des mécontents d'Espagne, t'offrir de détrôner Rodrigue et de te faire élire roi à sa place, tu as refusé... mais il est encore temps de revenir sur ton refus... Julien, veux-tu être roi?

LE COMTE. Non; car on dirait que j'ai couvert la honte de ma fille avec le manteau royal; non, car on croirait à mon ambition et non à ma vengeance.

RICAS. Mais as-tu songé que tu livrais l'Espagne aux Mores, les chrétiens aux infidèles; que c'était non-seulement une trahison, mais une impiété?

LE COMTE. J'ai songé à tout... mais l'heure se passe... laisse-moi.

RICAS. Julien, jamais Ricas n'a plié les genoux devant un homme, fût-il prince, fût-il roi, fût-il empereur. (*Il se met à genoux.*) Julien, je te supplie à genoux, les larmes dans les yeux, au nom d'une vieille amitié de quarante ans, au nom de ton propre honneur, prends pitié de l'Espagne, et ne venge pas ta fille en égorgeant sa mère!... Julien, l'Espagne n'est pas coupable du crime de son roi; fais-lui le plus beau sacrifice que puisse faire une grande âme justement offensée... le sacrifice de ta vengeance!

LE COMTE, *ému.* Ricas, Ricas, relève-toi...

RICAS. Jure-moi de renoncer à tes desseins.

LE COMTE, *avec force.* Il te serait plus facile d'arracher sa proie au tigre affamé!....

RICAS. Julien, au nom du ciel!

LE COMTE. Je suis son instrument.

RICAS. Au nom de ta fille!

LE COMTE. Je suis son vengeur!

RICAS. Tu es inflexible?

LE COMTE. Comme le Destin !
*Bruit de fanfares au dehors. La nuit vient.*
RICAS, *se levant.* Tu l'entends ? le roi quitte le palais.
LE COMTE. Où vas-tu ?
RICAS. Je vais tout révéler au roi !
LE COMTE, *lui barrant le passage.* Malheureux !... tu ne sortiras pas d'ici !
RICAS. Place ! je veux passer !
LE COMTE. Oh ! tu es mon ami, tu es mon ami. Mais ne te jette pas en travers de ma vengeance.
RICAS. Je ne suis pas l'ami d'un traître.
LE COMTE. Ricas, ne me force pas à te tuer.
RICAS, *tirant son épée.* Place ! te dis-je ! ou défends-toi...

LE COMTE, *tirant la sienne.* Tu ne peux pas mourir de ma main.
RICAS. Prends garde de mourir de la mienne.
LE COMTE. Tu le veux donc ! eh bien !... (*Ils se battent ; Ricas est frappé à mort. Le Comte tombe à genoux.*) Oh ! qu'ai-je fait, mon Dieu ? Ricas, réponds-moi... Ricas, ton meurtrier te demande pardon...
RICAS, *d'une voix faible.* Julien... sois maudit !...
LE COMTE. Qui m'eût dit qu'un jour cette loyale épée serait teinte du sang de mon meilleur ami ?... O vengeance ! vengeance !... où donc m'entraînes-tu ?... Mais on ne peut s'arrêter sur cette pente fatale... A l'œuvre donc, à l'œuvre ! au château d'Elbora !
*Il sort par le fond.* — Rideau.

## ACTE QUATRIÈME.

La salle d'armes dans le Château maudit. A droite et à gauche, quatre colonnes chargées d'armures, ayant au-dessus des drapeaux. De chaque côté, au premier plan, une porte avec tentures. Au fond, de chaque côté, un escalier aboutissant à un perron. Sur le perron, est le tombeau du roi Astaulphe. De chaque côté du tombeau, sont deux colonnes chargées de boucliers, de lances, de casques, d'épées ; le tout est surmonté d'étendards, d'oriflammes et de drapeaux, formant trophées. Au milieu du théâtre, une grande table formant le fer à cheval ; elle est splendidement servie. Au haut de la table, un grand fauteuil occupé par le roi. Au bas de la table, sur le devant, à droite, Théodiste ; à gauche, Vamba. Ils sont tous assis, et dans une grande gaieté. En face de Théodiste, est une femme ; une autre est en face de Vamba ; deux de chaque côté du roi.

### SCÈNE PREMIÈRE.

VAMBA, RODRIGUE, THÉODISTE, SEIGNEURS, DAMES, *des* PAGES *qui versent à boire.*

Au lever du rideau, on entend une musique dans une salle voisine.

THÉODISTE, *une coupe à la main.* Au roi le plus brave et le plus galant qu'ait jamais eu l'Espagne !
UNE DAME *qui se trouve à la droite du roi.* Au roi Rodrigue ! que Dieu lui donne un long règne !...
TOUS, *se levant leur coupe à la main.* Au roi Rodrigue !
RODRIGUE. Eh bien ! messeigneurs, en dépit du peuple et de ses sottes histoires, je crois qu'on peut donner une fête dans le château maudit.
VAMBA. Vous n'avez eu qu'à vouloir, sire, pour en faire un véritable palais enchanté.
THÉODISTE. Les rois sont des dieux sur la terre ; ils disent : Que cela soit, et la chose est faite.
RODRIGUE. Ainsi, toutes tes craintes se sont évanouies ?
THÉODISTE. Sire, je les ai noyées dans le vin de Chypre et dans les yeux de ces enchanteresses.

RODRIGUE. Tu t'attendais à quelque apparition bien sombre et bien épouvantable ?
VAMBA. Il y avait de quoi effrayer de plus braves que lui.
THÉODISTE. J'avoue qu'en approchant de ce morne château, je n'étais pas trop rassuré... Ce site agreste et sauvage, ce noir monument penché sur le bord d'un abîme... ces milliers de corbeaux qui se sont envolés à notre aspect en poussant des cris sinistres...
RODRIGUE. C'est tout simple... se voir chasser après une possession si longue et si paisible... crois-tu donc que je serais charmé d'abandonner mon beau royaume d'Espagne aux noirs corbeaux de l'Afrique ?
THÉODISTE. Et puis en traversant ces voûtes sombres, humides et silencieuses, en entendant l'écho répéter sourdement le bruit de nos pas, je ne sais quel frisson m'a parcouru tout entier.
RODRIGUE. C'est l'impression que devaient produire ces ruines abandonnées depuis des siècles... Mais de l'air, des lumières, des parfums et des femmes, et la caverne s'est changée en véritable palais enchanté... Nous n'avons pas, il est vrai, trouvé les trésors que nous venions chercher. Au lieu d'or et de pierres précieuses, des casques, des cui-

rasses, des lances, des épées... Et puis croyez donc aux traditions populaires!...

THÉODISTE. Eh bien ! sire ! c'est précisément cela qui me rassure; puisque la prophétie a menti sur un point, il est clair qu'elle n'aura pas dit plus vrai sur l'autre.

RODRIGUE. A défaut de trésors, nous avons du moins trouvé le plaisir... Voilà une soirée qui datera dans ma vie ; jamais je ne me suis senti plus joyeux, et rien ne manque à mon bonheur. (*A part.*) Excepté l'amour de Florinde. (*Haut.*) Mais le comte Julien se fait bien attendre.

THÉODISTE. Ah ! sire, de grâce, ne me parlez pas du comte Julien... Je le dispense de sa visite; il suffirait seul pour glacer notre joie... Je ne connais pas d'homme qui ait autant que lui le privilége de me rendre sérieux.

UNE DAME. Parlez du comte devant le seigneur Théodiste, vous êtes sûr qu'il en dira du mal.

RODRIGUE. Savez-vous pourquoi?... Théodiste est devenu ambitieux.... Les faveurs dont j'honore le comte l'empêchent de dormir.

THÉODISTE. Ah ! sire !

RODRIGUE. Il croit que l'Espagne n'ira bien que le jour où je l'aurai choisi pour mon premier ministre.

THÉODISTE. Ma foi, sire, je crois qu'elle n'irait pas beaucoup plus mal.

Tous les personnages rient.

RODRIGUE. Vous l'entendez.

THÉODISTE. Ce qui est certain, du moins, c'est que je ne gouvernerais pas de la même manière que le comte.

RODRIGUE. Nous en sommes tous convaincus.

THÉODISTE. Et d'abord je réformerais...

Murmure des Convives.

RODRIGUE. Comment ! tu es entouré de femmes charmantes et tu vas nous parler des affaires de l'état... Allons, prends ta coupe et fais-moi raison.

THÉODISTE. Volontiers, sire, volontiers.

RODRIGUE. A boire !

TOUS, *se levant.* A boire ! à boire !

RODRIGUE. Des esclaves moresques doivent, d'après nos ordres, exécuter dans la salle voisine des danses de leur pays. Allez, señoras, allez jouir de ce joyeux spectacle : dans quelques instants le roi vous rejoindra. (*Ils se lèvent et saluent le R i, qui est resté à sa place.* Vamba et toi, Théodiste, restez. (*Aux Pages.*) Fermez ces portes.

Ils sortent à droite et à gauche. La nuit vient.

## SCÈNE II.

THÉODISTE, RODRIGUE, VAMBA.

THÉODISTE. Pourquoi toutes ces précautions, sire?

RODRIGUE, *les amenant sur le devant.* Nous sommes seuls... écoutez-moi. Vous avez cherché dans tous les coins du château maudit, fouillé dans tous les murs, sondé toutes les colonnes, vous n'avez rien trouvé ?

THÉODISTE. Absolument rien, sire; et je commence à croire que le bon roi Astaulphe, ici présent, a voulu se moquer de nous. Si l'on rit dans l'autre monde des sottises de celui-ci, il doit bien s'amuser de notre crédulité.

RODRIGUE. Eh bien ! moi, messeigneurs, j'ai meilleure confiance.

THÉODISTE. Mais si le trésor existe, où donc est-il caché?

RODRIGUE, *montrant le tombeau.* Là, dans ce tombeau.

THÉODISTE. Dans ce tombeau! Hélas! sire, vous n'y trouverez qu'un peu de poussière, si toutefois le temps n'a pas tout dévoré... Voilà bien trois cents ans, si je ne me trompe, que le fondateur de la monarchie des Goths en Espagne a rendu son âme à Dieu?

RODRIGUE. Rappelle-toi ce que les chroniques nous racontent du grand roi Astaulphe et du prodigieux butin qu'il amassa. Il prit part au pillage de Rome, il traversa en vainqueur le midi de la Gaule, et vint s'établir en Espagne chargé des dépouilles d'une moitié de l'univers. Une seule chose égalait sa bravoure, c'était son avarice. Il a voulu sans doute emporter avec lui dans la tombe l'or qui faisait ses délices, et afin que nul ne vînt le troubler dans sa possession éternelle, il avait répandu le bruit que la monarchie des Goths serait détruite le jour où quelque audacieux entrerait dans le château maudit.

THÉODISTE. Pardieu, sire, vous avez raison : cela doit être ainsi; à nous le trésor... A l'œuvre ! à l'œuvre !

RODRIGUE. A l'œuvre.

VAMBA. Mais ne craignez-vous pas, sire, de dépouiller un tombeau?

RODRIGUE. Les morts n'ont besoin que de prières.

THÉODISTE *va détacher une épée à la deuxième colonne de gauche.* Et nous lui en donnerons, pour son argent. (*Montant quelques marches et s'adressant à la statue.*) Roi Astaulphe, permettez à un de vos descendants que les folies aimables ont réduit à une fâcheuse extrémité, de vous emprunter des trésors qui vous sont probablement inutiles, et dont nous vous promettons de faire un royal et prompt usage. Il ne dit rien, il consent.

RODRIGUE. Alors, Théodiste, détache cette pierre.

THÉODISTE *s'approche du tombeau et au moyen de l'épée essoye de détacher la pierre de devant. Vamba l'aide avec son poignard.* Allons, Vamba! Diable!... elle est lourde. Enfin!

*La pierre tombe..*

RODRIGUE, *qui les a observés.* Eh bien?

THÉODISTE. Hélas! sire! pas le moindre trésor!...

RODRIGUE. Le tombeau est vide?

THÉODISTE. A peu près.

RODRIGUE. Pas d'or, pas de diamants?...

THÉODISTE, *tirant une épée et un parchemin.* Rien qu'une épée et un vieux parchemin.

VAMBA, *tenant l'épée et la regardant.* Il me semble que des caractères sont gravés sur l'épée.

RODRIGUE. Donne. (*Lisant l'inscription sur la lame.*) « C'est par le courage qu'on » gagne les empires; c'est par la prudence » qu'on les conserve. » (*Remettant l'épée à Vamba.*) Est-ce un avis que tu m'envoies, roi Astaulphe? Que dit le parchemin?

THÉODISTE, *lui donnant le parchemin.* Lisez, sire.

RODRIGUE, *lisant.* « Toi, que les plaisirs » auront ruiné; toi, qui pour chercher un tré- » sor ne craindras pas de profaner une tombe, » tremble, monarque imprudent; l'empire » que j'ai fondé sera détruit par toi. » La leçon est sévère...

THÉODISTE. Décidément, le roi Astaulphe avait un faible pour les maximes. J'aurais préféré un trésor.

RODRIGUE, *froissant le parchemin et le remettant à Théodiste.* Théodiste, détruis ce parchemin. Il n'est pas bon que le peuple sache ce que le roi voudrait ignorer.

VAMBA, *lui tendant l'épée.* Et cette épée?

RODRIGUE, *la prenant; avec force.* Je la garde. Elle ne me fera pas faute quand viendra le danger.

THÉODISTE. Sire, pouvez-vous ajouter foi à ces vaines menaces? Venez; ce sombre lieu fait naître de sinistres pensées.

RODRIGUE. Non, laisse-moi... ces paroles ont éveillé un écho dans mon âme!... (*A lui-même.*) Je suis comme un homme qui sort d'un long rêve... Pour la première fois, ma vie passée m'apparaît dans tout son néant. Roi Astaulphe, glorieux héritier du grand Alaric, père d'une race de héros, chaque jour de ta vie était marqué par quelque noble action. Qu'ai-je fait pour soutenir l'honneur de ton nom? pour conserver l'éclat de ta couronne? Rien... Les voluptés seules ont rempli mon règne... et pourtant, je le sens là, j'aurais pu être un grand roi...

THÉODISTE, *avec peur.* Venez, sire; sortons d'ici... Il me semble que la statue nous regarde avec des yeux menaçants...

RODRIGUE. La frayeur te fait extravaguer.

*Cris au dehors.*

THÉODISTE. Entendez-vous ces cris?

LES SEIGNEURS *entrant dans le plus grand désordre.* Trahison! trahison!..

RODRIGUE. Que signifie?...

THÉODISTE, *regardant à la porte de droite.* Sire, voyez-vous à la clarté de la lune ces armes qui brillent... ces ombres qui s'agitent?... Sire, nous sommes trahis!

RODRIGUE. Quel est donc le misérable?...

## SCÈNE III.

LES MÊMES, LE COMTE, *suivi de* MOUZZA, *de* MORES *et d'*ARABES.

Ils paraissent au haut du perron et envahissent le théâtre. Le comte est à leur tête.

LE COMTE, *avec force.* Moi!...

TOUS. Le comte Julien!...

LE COMTE. Tu m'avais invité à ta fête, je crois... eh bien, me voici... Je viens te demander compte de l'honneur de ma fille!...

THÉODISTE. Oh! la prophétie!...

RODRIGUE. Le voile est tombé... je comprends tout!

LE COMTE. Imprudent, qui vas te confier au père de la femme que tu as déshonorée... Mais quand on blesse le lion il ne vous déchire donc pas?... Tu t'étais dit : J'ai séduit la fille du comte Julien... faisons le comte Julien premier ministre, et le comte Julien se taira... Infamie!... Voilà comment Rodrigue comprend l'honneur des autres... il le place à la hauteur du sien!...

RODRIGUE, *avec force.* Traître! n'insulte pas ton roi!

LE COMTE. Vous m'appelez traître... mais vous, sire, comment faut-il donc vous appeler?... Ma fille, mon espoir, mon trésor... je l'avais placée sous votre royale sauvegarde, quand j'allais, moi, risquer ma vie pour défendre votre couronne... Qu'avez-vous fait de ma fille?...

RODRIGUE. Comte!...

LE COMTE. Oh! ne dites pas un mot, car je ne sais ce que je ferais!..... Il ne comprend pas quel courage il m'a fallu pour contenir la fureur qui me dévorait... il ne comprend pas que, fatigué de la lenteur de ma vengeance, ma main a mille fois saisi mon poignard!... Oh! quelle patience, mon Dieu!... Mais l'instant est venu, et le crime va recevoir son châtiment!

RODRIGUE. Oh! ne te réjouis pas encore... il me reste des sujets braves et fidèles!

LE COMTE. Mais regarde donc autour de toi... tu ne vois donc pas que ta vie m'appartient... que je n'ai qu'à faire un signe pour que ta tête roule à mes pieds!... Mais ce n'est pas ta vie seule qu'il me faut... c'est ta chute, roi Rodrigue... ta chute terrible et honteuse!... Va, il en est temps, porte la main à ta couronne, affermis ton trône qui chancelle... trône et couronne vont rouler avec toi dans l'abîme, et le monde épouvanté dira: C'est le comte Julien qui se venge!

RODRIGUE. Non, car auparavant cette épée aura fait justice d'un traître!

*Il va prendre l'épée qu'il a déposée sur la table, à gauche, et s'élance pour en frapper le Comte ; il est arrêté par les Mores.*

LE COMTE. Arrêtez!... qu'il vive... La mort est un châtiment trop doux pour lui... Qu'il vive, pour envier le sort du dernier des mendiants... Roi Rodrigue, tu as séduit ma fille, je t'arrache ta couronne... tu m'as déshonoré, je te chasse!...

*Florinde paraît sur le perron et écoute avec anxiété.*

RODRIGUE. Tu triomphes!... Trop lâche pour m'attaquer en face, tu as creusé sourdement un piége sous mes pas!... Sois fier de ton ouvrage!... Va, je suis encore plus grand dans ma chute que toi dans ta victoire!... Oui, j'ai été coupable... je le confesse ici à haute voix, devant tous... mais ta vengeance, comte déloyal, a déjà effacé mon crime, et mon malheur même me réhabilitera dans l'avenir... Toi, comte Julien, je te livre aux malédictions des chrétiens, au mépris des infidèles et à l'exécration de la postérité!...

LE COMTE, *avec joie.* Que ta fureur s'exhale en paroles... j'y consens... si tu savais la joie qu'on éprouve à tenir sous ses pieds son ennemi palpitant... à voir devant soi pâle et anéanti celui qui n'a pas craint d'outrager notre honneur.... Florinde! mon enfant bien aimée... la voilà enfin cette vengeance que tu m'as demandée!...

## SCÈNE IV.
### LES MÊMES, FLORINDE.

FLORINDE, *avec force.* Cette vengeance... je ne l'accepte pas!...

RODRIGUE. Florinde!

LE COMTE. Elle ici!

FLORINDE, *au Comte.* Oh! dites-moi que vous n'avez pas commis un crime irréparable! que vous n'avez pas voué mon nom et le vôtre à une honte éternelle!... dites-moi que vous n'avez pas voulu inonder l'Espagne du sang de vos frères... que vous n'avez pas renié votre gloire, votre patrie et votre Dieu!... dites-moi qu'il en est temps encore... que vous chasserez ces infidèles, que vous sauverez l'Espagne?...

MOUZZA, *s'avançant.* Il est trop tard!

FLORINDE. Trop tard... Oh alors, mon père, je n'ai plus qu'à mourir!

*Elle arrache le poignard qui est à la ceinture du Comte et se frappe.*

LE COMTE. Florinde... que fais-tu?

FLORINDE, *chancelant.* Je me punis d'avoir été la cause de tant de malheurs, et je meurs pour échapper au spectacle de cette horrible trahison...

LE COMTE. Florinde... mon enfant!

FLORINDE, *le repoussant.* Ne m'approchez pas... ne m'approchez pas!

LE COMTE. Repoussé par elle!...

RODRIGUE. Florinde! Florinde!...

FLORINDE. Mon Dieu... pardonnez-moi... c'était trop de douleur...

*Elle expire.*

LE COMTE. Ma fille morte!... L'Espagne envahie... perdue!... O justice de Dieu!...

MOUZZA, *à Rodrigue.* Rodrigue, tu es mon prisonnier. (*Au Comte.*) Quant à toi, j'ai tenu ma parole, je t'ai livré ta proie... traître, je ne te connais plus... (*Montrant Rodrigue.*) Qu'on l'entraîne!

RODRIGUE. Arrière, mécréants!... Place... place au roi d'Espagne!

MOUZZA. Rangez-vous, soldats du Prophète... laissez passer le dernier roi des Goths!

Rideau.

FIN.

Imprimerie de V° Dondey-Dupré, rue Saint-Louis, 46, au Marais.

| TOME XVII. | | TOME XVIII. | | TOME XIX. | | TOME XX. | |
|---|---|---|---|---|---|---|---|
| La Femme au salon, c.-v. 2 a. | 40 | Le Sonneur de St.-Paul, 5 a. | 50 | Lekain, v. 2 a. | 40 | L'Alchimiste, d. 5 a. | 50 |
| Moustache, c.-v. 2 a. | 40 | Mademoiselle, c.-v. 2 a. | 40 | Diane de Chivry, dr. 5 a. par | | Naufrage de la Méduse, 5 a. | 50 |
| Droits de la Femme, c.-v. 1 a. | 30 | Maria Padilla, tr. 5 a. | 50 | Frédéric Soulié. | 50 | Balochard, c.-v. | 40 |
| M. de Coyllin, c.-v. 1 a. | 30 | Paul Jones, drame 5 actes par | | Les trois Bals, v. 3 a. | 50 | La Maîtresse et la Fiancée, 2 a. | 40 |
| La Pièce de 24 sous, c. v. 1 a. | 30 | Alexandre Dumas. | 50 | Le Manoir de Montlouvier, | 50 | Marguerite d'Lorck, mél. 1 a. | 40 |
| Fille de l'Airdans son Ménage, | 30 | Le Brasseur de Preston, op. 3 a. | 50 | Dieu vous bénisse, v. 1 a. | 30 | Deux jeunes femmes, c. v. 2 a. | 40 |
| Philippe III, tr. en 5 a. | 50 | Françoise de Rimini, v. 3 a. | 50 | Maurice, c.-v. 2 a. | 40 | Rigobert, vaud. c. v. | 40 |
| L'Orphelin du Parvis, v. 1 a. | 40 | Lady Melvil, v. 2 a. | 50 | Balthilde, d. 3 a. | 40 | Gabrielle, c.-v. en 2 a. | 40 |
| La Croix de Feu, mél. 3 a. | 40 | Tronquette, c.-v. 1 a. | 30 | Pascal et Chambord, c.-v. 2 a. | 40 | La Jeunesse de Goethe, v. 1 a. | 30 |
| Plock le Pêcheur, v. 1 a. | | Le Discours de Rentrée, v. 1 a. | 50 | Maria, c.-v. 2 a. | | Émile, v. en 1 a. | 30 |
| nce, c.-v. 3 a. | 40 | Pierre d'Arrezzo, d. 3 a. | 50 | La Bergère d'Ivry, d. 5 a. | 50 | Le Fils de la Folle, d. 5 a. | 50 |
| L'Escroc du Grand monde, 3 a. | 40 | Les Coulisses, v. 2 a. | 40 | Mlle de Belle-Isle, drame 5 a. | | Il faut que jeunesse se passe | |
| Les 3 Dimanches, v. 1 a. | 40 | Le Marquis en Cage, c.-v. 1 a. | 30 | par Alexandre Dumas. | 50 | Un vaudeville, 1 a. | 30 |
| Les Chiens du St.-Bernard, 5 a. | 50 | Le Pull, r. en 3 t. | | Marie Rémond, d.-v. 1 a. | 40 | Le Marché de St-Pierre, par | |
| La Figurante, op. c. 5 a. | 50 | Claude Stocq, d. 5 a. | 50 | Simplette, v. 1 a. | 30 | Antier et Cormberousse. | |
| La Comtesse de Chamilly, d. 1 a. | 40 | Jeanne Hachette, d. 5 a. | 50 | Le Plastron, v. 2 a. | 40 | Amandine, c.-v. en 2 a. | 40 |
| TOME XXI. | | TOME XXII. | | TOME XXIII. | | TOME XXIV. | |
| Il était temps! v. en 1 a. | 30 | Le Château de Saint-Germain, | 50 | Venturi, v. 2 a. | 50 | Le Père Turc, v. 2 a. | 40 |
| L'article 960, 1 a. | 30 | Les Bamboches de l'Année, r. 1 a. | 30 | L'Ouragan, d.-v. 2 a. | 40 | Le Mari de ma Fille v. 2 a. | 40 |
| L'Art de ne pas monter sa gar. | 30 | Commissaire extraordinaire, | 30 | Aubray le Médecin, dr. 3 a. | 40 | La Chouette et la Colombe, | 40 |
| L'Ange dans le monde, c. 3 a. | 40 | Deux Couronnes, com. 1 a. | 30 | Les Honneurs et les Mœurs, | 40 | Quitte ou Double, c.-v. 2 a. | 40 |
| Christine, p. par F. Soulié. | 50 | Les Enfans de troupe, c.-v. 2 a. | 50 | Les Diners à 32 sous, v. 1 a. | 30 | L'argent, la Gloire et les | |
| Les chevaux du Carousel, 5 a. | 50 | L'Ouvrier, drame en 5 actes, | | Ainée et Cadette c.-v. 1 a. | 30 | Femmes, v. 4 a. et 5 t. | 50 |
| Laurent de Médicis, tr. 5 a. | 40 | par Frédéric Soulié. | 50 | Le Fils du Bravo, v. 1 a. | 40 | Marguerite, d. 3 a | 50 |
| Les 3 Beaux-Frères, v. 1 a. | 30 | Tremb. de terre de la Martini. | 50 | Bonaventure, v. 3 a. et 4 t. | 40 | Paula, d. 5 a. | 50 |
| Revue et Corrigée, c.-v. 1 a. | 30 | La Famille du Fumiste, v. 2 a. | 40 | L'Éclat de Rire, d. 3 a. | 40 | Mon ami Cléobul, v. 1 a. | 30 |
| Le Loup de Mer, d. 2 a. | 40 | Les Intimes, v. 1 a. | | Escorico, v. 5 a. | 40 | Édith, d. 4 a | 50 |
| Christophe le Suédois, d. 5 a. | | La Madone, d. 4 a. | 50 | Souvenirs de la Marq. de V***. | | Un Roman intime, c. 1 a. | 30 |
| par Joseph Boucharty. | | Les Prussiens en Lorraine, | 30 | La jolie Fille du Faubourg, | | Nicolas le Rôti, c. 2 a. | |
| Le Procul, d. | 50 | Roland Furieux, f.-v. 1 a. | | Le Banjot, c.-v. 1 a. | 50 | L'école des Journalistes, c. 5 a. | 50 |
| Les Masques Fascheux, c. 1 a. | | Un Secret, dr.-v. 3 a. | | Le Château de Verneuil, v. | | Orphy, c.-v. 2 a. | 40 |
| Thomas l'Egyptien, v. 1 a. | 30 | L'Abbaye de Castro, d. 5 a. | 50 | La Maréchale d'Ancre, d. 5 a. | 50 | Newgate, d. 4 a. | 50 |
| Clémence, c.-v. 2 a. | 40 | La Famille de Lusigny, d. 3 a. | 40 | Les Pages et les Poissardes, | 40 | Le Père Marcel, c.-v. 2 a. | 40 |
| TOME XXV. | | TOME XXVI. | | TOME XXVII. | | TOME XXVIII. | |
| L'Hospitalité, v. 1 a. | 30 | Une Vocation, com.-v. 2 a. | 40 | Ivan de Russie, tragédie. | 50 | Les Chanteurs ambulants, 3 a. | 50 |
| Le Guitarréro, op.-c. 3 a. | 50 | La Sœur de Jocrisse, v. 1 a. | 40 | Le Dérivatif, vaudeville. | 40 | Claudine, dr. 3 a. | 50 |
| La Fête des Fous, d. 5 a. | 50 | Van-Bruck, com.-v. 3 a. | 50 | Un Bas bleu, vaudeville. | 40 | Céline, c.-v. 2 a. | 40 |
| La Favorite, op. 4 a. | 50 | Le Marchand d'habits, dr. 5 a. | 50 | Les Filets de Saint-Cloud. | 50 | Les Pilules du Diable, 3 a. 20 t. | 50 |
| Le Neveu du Mercier, dr.-v. 3 a. | 50 | Mon ami Pierrot, c.-v. 1 a. | 40 | Lorenzino, drame en 5 act. | | Les 2 Brigadiers, vaud. 2 a. | 40 |
| Le Perruquier, dr. 5 a. | 50 | La Lescombat, dr. 5 a. | 50 | par M. Alex. Dumas. | 50 | Le Roi d'Yvetot, op.-com. 3 a. | 50 |
| Zacharie, dr. 5 a. | 50 | Zara, dr. 4 a. | 50 | La Plaine de Grenelle, d. 5 a. | 50 | L'Auberge de la Madone, d. 5 a. | 50 |
| Tiridate, c.-v. 1 a. | 40 | Langeli, com.-v. 1 a. | 40 | La Dot de Suzette, dr. 5 a. | 50 | Les ressources de Jonathas, 1 a. | 40 |
| La Bouquetière, dr.-v. 4 a. | | Murat, pièce en 3 a., 44 tab. | 50 | Amour et Amourette, v. 5 a. | 50 | Halifax, c. 4 a. avec prol. | 50 |
| Jacques Cœur, dr. | 50 | Trois œufs dans un panier, 4 a. | 40 | Paris le Bohémien, d. 5 a. | 50 | Le prince Eugène, 3 a. 14 t. | 50 |
| L'École des Jeunes filles, d. 5 a. | 50 | Mathieu Luc, dr. 5 a. en vers. | 50 | Les Brigands de la Loire, d. | | Le baron de Lafleur, c. 3 a. en v. | 50 |
| La Protectrice, v. 1 a. | | Caliste, com.-vand. en 1 a. | 40 | 5 actes. | | Vision du Tasse, 1 a. en v. | 30 |
| Manche à Manche, c.-v. 1 a. | | L'aveugle et son Bâton, 1 a. | 40 | Margot, v. 1 a. | 40 | La Main droite et la Main | |
| Un Mariage sous Louis XV, | | Paul et Virginie, dr. 5 a. | 50 | Paris la nuit, d. 5 a. 8 t. | 50 | gauche, drame en 3 actes, 1 f. | |
| par Alexandre Dumas. | 50 | Les Enfants Blancs, dr. 5 a. | 50 | Enery le négociant, d. 3 a. | 40 | Madeleine, dr. en 5 a. | 50 |
| Fabio le Novice, dr. 5 a. | 50 | La Voisin, mél. 5 a. | 50 | La Salpêtrière, dr. 5 a. | 50 | Mlle de la Faille, d. 5 a. 9 t. | 50 |

## PIÈCES NOUVELLES DU MAGASIN THÉÂTRAL.

| | | | | | | | |
|---|---|---|---|---|---|---|---|
| L'Extase, c.-v. 3 a. | 50 | Don Quichotte et Sancho Pança, | | Jacques le Corsaire, dr. en 1 a. | 50 | La Perle Noire, dr. en 5 a. | 50 |
| Le Menuet de la Reine, 2 a. | 50 | pièce en 13 tableaux. | | La Grisette de qualité, v. 3 a. | 50 | La mère Turpin, vaud. 3 a. | 50 |
| Les Mille et Une Nuits, v. a. | 50 | Une Campagne à deux, c.-v. 1 a. | 40 | Le Mari à la campagne, c. 3 a. | 50 | La Tour de Ferrare dr. eu 5 a. | 50 |
| L'Enlèvement de Déjanire, v. | 50 | Le Déserteur, op.-com. 3 a. | 50 | Petits métiers de Paris, v. 3 a. | 50 | Une Soirée à la Bastille, c. 1 a. | 40 |
| Redgauntlet, d. 3 a. avec pr. | 50 | Lucio, drame en 5 actes. | 50 | Qui se ressemble se gêne, v. 1 a. | 40 | Tom Pouff, à-propos, | 50 |
| Le succès, com. en actes. | 50 | Pierre Landais, dr. en 5 a. | 50 | Le Rodeur, dr. 5 a. | 50 | Sylvanire, roman en 1 ch. | 50 |
| Le palais-royal, la bastille, 5 a. | 50 | La Croix d'acier, dr. en 1 a. | 30 | Paris voleur, vaud. 6 a. | 50 | Chasun chez soi, c.-v. 1 a. | 40 |
| La chambre verte, c.-v. 3 a. | 50 | L'Homme blasé, vaud. en 2 a. | 50 | Don César de Bazan, dr. 5 a. | 50 | Dame et Grisette, c.-v. 2 a. | 40 |
| Les enfants trouvés, dr. 3 a. | 50 | Louise Bernard, drame en 5 a. | | 7 Châteaux du Diable, fér. 3 a. | 50 | Un changement de main, 2 a. | 50 |
| La dernuit d'A. Chénier, mon. | 50 | par Alexandre Dumas. | | Le Bal Mabille, c.-v. 2 a. | 50 | Le Brocanteur, v. | 50 |
| Le soleil de ma Bretagne, 3 a. | 50 | Stella, drame en 5 actes. | 50 | Un Amant malheureux, v. 2 a. | 50 | Le Canal St-Martin, dr. 3 a. | 50 |
| Un mauvais père, d.-v. 3 a. | 50 | L'Ombre, ballet. | 30 | Le maçon et le banquier, 3 a. | 50 | Télégraphe d'Amour, v. 3 a. | 50 |
| Marguerite Fortier, d. 4 a. 1 pr. | 50 | Le Vengeur, drame en 3 a. | 50 | Calypso, féerie-myth. 3 tab. | 50 | Paris et la Banlieue, v. 2 a. | 40 |
| La famille Renneville, d. 3 a. | 50 | Le Théâtre et la Cuisine, | 50 | Les 3 péchés du diable, v. 2 a. | 50 | Brantes le Rêveur, v. 1 a. | 40 |
| Brisquet, c.-v. 2 a. | 50 | Les Iles-Marquises, revue en | | L'Épicier de Chantilly, v. 2 a. | 50 | La Cuisinière mariée, v. 1 a. | 40 |
| Les Grands et les Petits. 5 a. | 50 | 2 actes. | | L'Étourneau, vaud. en 3 act. | 50 | La Samaritaine, v. | 40 |
| Le Héros du marquis des 5 sous. | 50 | Mémoires de deux jeunes Ma- | | Le Bachelier de Ségovie, c. 5 a. | 50 | La Sœur du Muletier, dr. 5 a. | 50 |
| La jeune et la vieille garde, 1 a. | 40 | riées, vaudeville en 1 acte. | 40 | Un mauvais ménage, dr. 5 a. | 50 | Corneille et Rotrou, c. v. | 40 |
| Les 2 Sœurs, c.-v. en 2 a. | 40 | L'Art de tirer les carottes, 1 a. | 40 | Aubry le Boucher, dr. 4 act. | 50 | Les Mousquetaires, d. 5 a. 1 f. | |
| Adrienne, vaud. en un acte. | 40 | Une Idée de médecin, v. 1 a. | 40 | Les orphelins d'Anvers, d. 5 a. | 50 | Le Diable à quatre, v. 3 a. | 50 |
| Les Fumeurs, c.-v. en 2 a. | 50 | Le Laird de Dumbicky, c. en 5 a. | 50 | Jeanne d'Arc, dr. 5 a. | 50 | Le Droit d'aînesse, v. 1 a. | 40 |
| 6,000 fr. de récompense, d. 5 a. | 50 | par Alexandre Dumas. | | Les Armes du Diable, v. 3 a. | 50 | Marie-Jeanne, d. 5 a. | 50 |
| Les petites misères de la vie. 1 a. | 40 | La duchesse de Châteauroux, | | Au bord de l'abîme, v. 1 a. | 40 | | |
| Gloire et perruque, v. en 1 a. | 40 | dr. en 4 a. | | Inès, dr. en 5 a. | 50 | | |
| Les Demoiselles de St-Cyr. 5 1 f. | | Marjolaine, v. 1 a. | 40 | Forte-Spada, dr. en 5 a. | 50 | | |
| Le prisonnier en Sibérie, d. 3 6. | 50 | Molière au 19e siècle, v. 1 a. | | Les trois loges, c.-v. | | | |
| Lénore, drame en 5 actes. | 50 | Les trois amis, dr.-v. en 3 a. | 50 | Une bonne réputation, c. 1 a. | 50 | | |
| Quand l'amour s'en va, v. 1 a. | 40 | Karel Dujardin, c. 1 a. | 40 | La Coqueluche du quartier, 1 a. | 50 | | |
| Un Secret de famille, c. 5 a. | 50 | La Famille Cauchois, c. 5 a. | 50 | Gabriot, folie-vaud. 1 a. | | | |
| Paris, Orléans et Rouen, v. 3 a. | 50 | Le Vieux Consul, tr. en 5 a. | 50 | Les ruines de Vaudémont 4 a. | 50 | | |
| Les Dévorants, c.-v. 2 a. | 50 | Champmelé, c. 1 a. | | Notre-Dame des abîmes, d. 5 a. | 50 | | |
| Un Jour d'orage, c. | | L'Oncle à succession, c.-v. 2 a. | 50 | La Tour d'Ugolin, c.-v. 2 a. | 50 | | |
| L'Écrin, c.-v. 3 a. | 50 | Jane Grey, tr. 5 a. | 50 | Porter au Portier, v. 1 a. | 40 | | |
| Les Bohémiens de Paris, d. 5 a. | 50 | Alberti, c.-v. 2 a. | 50 | La Biche au Bois, féer. 16 tab. | 50 | | |
| Paméla Giraud, dr. | 50 | Gazette des Tribunaux, v. 1 a. | 50 | Le Tricorne enflante. | 40 | | |

### CHEFS-D'ŒUVRES DU THÉATRE-FRANÇAIS, A 40 CENTIMES.

| | | | |
|---|---|---|---|
| Le Tartuffe, comédie en 5 actes. | Athalie, tragédie en 5 actes. | Britannicus, tragédie en 5 actes. | Les Folies amoureuses, c. 3 a. |
| Andromaque, tragéd. en 5 actes. | Hamlet, tragédie en 5 actes. | L'avare, comédie en 5 actes. | Polyeucte, tragédie en 5 actes. |
| Cinna, tragédie en 5 actes. | La Mère coupable, tr. en 5 actes. | Les Horaces, trag. en 5 actes. | |
| Le mariage de Figaro, com. 5 a. | La Mort de César, tr. en 3 actes | Le Misanthrope, com. en 5 actes. | |
| Othello, tragédis en 5 actes. | Le Barbier de Séville, com. 4 ac. | Mérope, tragédie en 5 actes. | |
| Le Dépit amoureux, com. 2 act. | Phèdre, tragédie en 5 actes. | Zaïre, tragédie en 5 actes. | |
| Mahomet, tragédie en 5 actes. | L'École des femmes, com. en 5 a | La Métromanie com. en 5 actes. | |
| Le Cid, tragédie en 5 actes. | Les Plaideurs, com. en 3 actes | Le Malade imaginaire, c. en 3 a. | |

En vente,

1<sup>re</sup> Édition. Le 40<sup>e</sup> volume du **MAGASIN THÉATRAL**, prix 6 francs.

## ANNUAIRE DRAMATIQUE POUR 1845.

7<sup>e</sup> ANNÉE.

Prix : 1 franc 50 centimes.

Tomes **26 et 27** DE LA

## BIBLIOTHÈQUE DE VILLE ET DE CAMPAGNE,

DEUXIÈME ÉDITION DU MAGASIN THÉATRAL. Prix 3 francs 50 centimes.

### Galerie des Artistes dramatiques,

97 portraits en pied des principaux Artistes de Paris, dessinés d'après nature par ALEXANDRE LACAUCHIE, accompagnés d'autant de notices biographiques et littéraires.

PRIX DE CHAQUE VOLUME BROCHÉ : 20 FR.

| TOME PREMIER | | TOME DEUXIÈME | | TOME TROISIÈME | |
|---|---|---|---|---|---|
| Acteurs. | Auteurs. | Acteurs. | Auteurs. | Acteurs. | Auteurs. |
| 1. M<sup>lle</sup> Rachel | J. Janin. | 41. M. Ferville | J. T. Merle. | 81. M. Clarence | Al. Vanauld. |
| 2. M. Perrot | E. Briffault. | 42. M. Volnys | H. Rolle. | 82. M<sup>me</sup> Rossi-Caccia | Al. Cler. |
| 3. M. Deburau | E. Briffault. | 43. M<sup>me</sup> Guillemin | Marie Aycard. | 83. M. Ravel | H. Rolle. |
| 4. M. Mélingue | J. Bouchardy. | 44. M<sup>me</sup> Gauthier | A. Arnould. | 84. M<sup>lle</sup> Esther | H. Rolle. |
| 5. M<sup>lle</sup> Fanny Elssler | E. Briffault. | 45. M. Lablache | Couailhac. | 85. M. Guyon | M. Mallefille. |
| 6. M<sup>lle</sup> Plessy | H. Rolle. | 46. M. Arnal | E. Briffault. | 86. M<sup>lle</sup> Rose-Chéri | Fournier. |
| 7. M. Duprez | E. Briffault. | 47. M<sup>lle</sup> G. Grisi | Couailhac. | 87. M. Leménil | Al. Cler. |
| 8. M<sup>me</sup> Mélingue | J. Bouchardy. | 48. M. Tamburini | Chaudes-Aigues. | 88. M<sup>me</sup> Doche | H. Rolle. |
| 9. M. Achard | E. Guinot. | 49. M<sup>lle</sup> Clarisse | E. Demoine. | 89. M. Francisque j<sup>e</sup> | Paul de Kock. |
| 10. M<sup>lle</sup> Doze | E. Briffault. | 50. M. Klein | Marie Aycard. | 90. M. Laferrière | E. Guinot. |
| 11. M. Odry | J. T. Merle. | 51. M. Chilly | A. Arnoula. | 91. M<sup>lle</sup> Fitzjames | H. Rolle. |
| 12. M<sup>lle</sup> Fargueil | H. Lucas. | 52. M<sup>me</sup> Stolz | H. Lucas. | 92. M<sup>lle</sup> Nathalie | H. Rolle. |
| 13. M. Francisque aîné | J. Bouchardy. | 53. M. Moëssard | A. Arnould. | 93. M. Henry | Al. Cler. |
| 14. M. Lepeintre jeune | H. Rolle. | 54. M<sup>me</sup> Anna Thillon | H. Rolle. | 94. M. Leménil | Paul de Kock. |
| 15. M<sup>lle</sup> Taglioni | J. Bouchardy. | 55. M. Brunet | Dumersan. | 95. M. Mocker | Al. Cler. |
| 16. M<sup>lle</sup> Dupont | É. Arago. | 56. M<sup>me</sup> Albert | H. Lucas. | 96. M<sup>e</sup> Guyon | H. Rolle. |
| 17. M. Boutin | L. Couailhac. | 57. M. Provost | E. Arago. | 97. M<sup>lle</sup> Mélanie | Salvador. |
| 18. M. Lévasseur | G. Bénédit. | 58. M<sup>lle</sup> Brohan | J. T. Merle. | 98. M<sup>lle</sup> Désirée | Lubize. |
| 19. M<sup>lle</sup> Flore | Dumersan. | 59. M. Chollet | Couailhac. | 99. M. Grassot | A. Lefranc. |
| 20. M<sup>lle</sup> Georges | H. Lucas. | 60. M. Roger | Couailhac. | 100. M<sup>e</sup> Deuain | |
| 21. M. Joanny | H. Lucas. | 61. M<sup>lle</sup> Anaïs | J. T. Merle. | | |
| 22. M. Albert | L. Couailhac. | 62. M. Vernet | H. Rolle. | | |
| 23. M<sup>lle</sup> Jenny Vertpré | H. Lucas. | 63. M<sup>lle</sup> C. Grisi | Th. Gautier. | | |
| 24. M. Monrose | J. T. Merle. | 64. M<sup>e</sup> Desmousseaux | Couailhac. | | |
| 25. M. Bocage | M. Mallefille. | 65. M. Mario | P. A. Fiorentino. | | |
| 26. M<sup>lle</sup> P. Leroux | E. Arago. | 66. M<sup>me</sup> Dorval | H. Rolle. | | |
| 27. M. Fitmin | H. Lucas. | 67. M<sup>me</sup> Dorus-Gras | E. Arago. | | |
| 28. M. Rubini | Chaudes-Aigues. | 68. M. Réguier | A. Arnould. | | |
| 29. M. Saint-Ernest | J. Bouchardy. | 69. M<sup>lle</sup> Mante | E. Arago. | | |
| 30. M<sup>lle</sup> Mars | E. Briffault. | 70. M<sup>lle</sup> Julienne | H. Rolle. | | |
| 31. M<sup>lle</sup> Persiani | Chaudes-Aigues. | 71. M. Lepeintre aîné | E. Arago. | | |
| 32. M. Menjaud | H. Lucas. | 72. M<sup>lle</sup> Déjazet | E. Guinot. | | |
| 33. M<sup>lle</sup> Prévost | L. Couailhac. | 73. M. Numa | H. Rolle. | | |
| 34. M<sup>lle</sup> E. Sauvage | J. T. Merle. | 74. M. Samson | A. Arnould. | | |
| 35. M<sup>me</sup> Damoreau | G. Bénédit. | 75. M. Sainville | L. Couailhac. | | |
| 36. M. Lafont | J. T. Merle. | 76. M. Ligier | H. Rolle. | | |
| 37. M. Bardou | H. Lucas. | 77. M<sup>e</sup> J. Colon Leplus | E. Arago. | | |
| 38. M. Beauvallet | A. Arnould. | 78. M. Raucourt | J. Bouchardy. | | |
| 39. M. Alcide-Tousez | J. T. Merle. | 79. M. Bouffé | E. Briffault. | | |
| 40. M<sup>me</sup> Volnys | H. Rolle. | 80. M. Fréd. Lemaître | Adolphe Dumas. | | |

Imprimerie ONDEY-DUPRÉ, rue Saint-Louis, 46, au Marais.

www.ingramcontent.com/pod-product-compliance
Lightning Source LLC
Chambersburg PA
CBHW070541050426
42451CB00013B/3120